Blickend auf die mahlenden Mühlsteine klagt Kabīr:
Im wirbelnden Zweikampf dieser Räder bleibt nichts im Stand!

(Aus Kabīr's Zweizeilern)

Die Gesänge des Kabīr

SUFI~PERLEN
DIE GESÄNGE DES KABIR

Ins Deutsche gebracht nach der
englischen Übersetzung von

RABINDRANATH TAGORE

Mit einer Einführung und einigen
sprachlichen, religionsgeschichtlichen und
mythologischen Anmerkungen

EDITION ORIFLAMME 2015

Impressum

Sufi-Perlen: Die Gesänge des Kabīr
aus der englischen Übersetzung des Rabindranath Tagore
ins Deutsche gebracht, mit einer Einführung und einigen sprachlichen,
religionsgeschichtlichen und mythologischen Anmerkungen.
Illustriert. – Hrsg. M.P. Steiner

Suchbegriffe:
Hermetik, Gnosis, Hinduismus, Indien, Sufis, Transfiguration,
vergleichende Religionsgeschichte

ISBN 978-3-9524262-6-5
© Edition Oriflamme, CH-4002 Basel, 2015
edition.oriflamme@gnail.com

Satz, Buchgestaltung, Umschlaggestaltung:
Adhoc-Organisation, CH-4002 Basel (Schweiz)
Printed in Germany
Die berühmte Übersetzung von *Rabindranath Tagore* wurde zum ersten Mal
veröffentlicht 1914 in London, durch die *Indian Society.*
Fast alle Vignetten sind entnommen dem Bändchen:
Die Lieder des Mirza Schaffis. – Hrsg. F. Bodenstedt, Berlin 1909

INHALT

ABBILDUNGEN

Handförmiges *Hamsa*. Der gewöhnlich als ‹Aum› gelesene Schriftzug könnte auch als Schriftzug in Urdu gelesen werden: عمن – *amen.*[1]

EINLEITUNG DES HERAUSGEBERS

Kabīr selber (<u>Hindi</u>: कबीर, <u>Urdu</u>: کبیر; – kein weiterer Name) ist nicht explizit ein Sufi, aber doch in allen seinen Aktivitäten und Worten, als Mystiker und Poet *den Sufis zuzuordnen*: ein Weiser und Wegbereiter für Gleichberechtigung, der noch heute mit dem Verehrungs-Titel SANT geehrt wird. Seine über 700 Verse sollen die den Sufis verwandte *Bhakti-Bewegung* stark beeinflußt haben, die gerade zu seinen Lebzeiten entstand. Geboren im Indien von 1398, starb er mit 120 Jahren, im Jahr 1518 im Kreis seiner Jünger, die ihm in die Verbannung gefolgt waren. – Sein Leben und seine Botschaft haben Manches mit *Mani* (2.-3. Jh.) gemein.

Andererseits gilt Kabīr als einer der weltweit größten Poeten und als der meist-zitierte Autor Indiens. Vorallem die Sik-Gemeinschaft sowie Andere, die dem spirituellen Weg folgen, verehren Kabīr gleich wie die anderen zehn Gurus der indischen Geschichte.

Die Bedeutung Kabīrs gilt übereinstimmend bei allen Rezensenten als universell, da sie alle ethnischen, nationalen und religiösen Grenzen übersteigt und verbindet. Sein Zeugnis für die *Liebe für Gott* erklingt in allen seinen Dichtungen in lyrischer Schönheit und zutiefst überzeugend. Das hat dazu geführt, daß Kabīr zum Vorbild für interreligiöses Verständnis und Harmonie im Leben jedes Einzelnen ebenso wie Aller zusammen geworden ist. Gerade dieses Anliegen wurde auch zum Hauptmotiv für die vorliegenden Publikation seiner Gesänge; – und so ist es nur folgerichtig, daß unsere Einführung diesem Aspekt – und dem Gesamt-Szenario, worin er sich entwickeln konnte – reichlich Raum gibt, und zwar zusammengetragen aus einer Mehrzahl sich z.T. widersprechender Quellen.

Lebensgeschichten von Kabīr

Kabīrs Lebensgeschichte ist nicht ganz eindeutig. Selbst seine Geburts- und Todesdaten werden diskutiert. Die am meisten verbreitete Version will, daß er nahe dem heutigen Varnasi als das Kind einer Brahmanin geboren wurde – einer Witwe, die ihn aus Furcht vor Desavouierung wegen der außerehelichen Geburt aussetzte (vielleicht auch Anspielung an eine mythische Wundergeburt?). Er wurde aufgenommen und wuchs auf in einer Muslim-Familie von Webern; und selbst der Name *Kabīr* wird als *Weber* übersetzt, wie auch andere Sufi -Namen mit einem Handwerks-Titel übersetzt werden: Das erinnert an die diversen eingeweihten Schuhmacher im Westen – von Solon bis Jakob Bœhme.

– Andere wollen, Kabīr komme vom Arabischen: *al-kabīr* bedeutet *der Große*, das ist der 37. der 72 Namen Allah's.

Kabīr war ein Weber, wurde aber früh ein Jünger von Vaishnava Sant *Swami Ramananda* (Vaishnava ist der Name des Initiators von Ramananda, der eine Schule von Nachfolgern begründete; *Sant* heißt *Heiliger* und bezeichnet einen Yogi-Guru). Als dieser starb, war Kabīr 13 Jahre alt. Gewisse amerikanische Ideologen wollen indes, daß Kabīr nie ein Muslim gewesen sei, sondern stets Hindu. Das widerspricht dem obigen Verlauf nicht, berücksichtigt man die friedliche Koexistenz diverser Religionen im Osten von jeher bis heute, da wo die Großmacht des Westens keine Trennung gesät hat; – oder sogar trotz derselben (man vergleiche nur dieselbe reale Situation im heutigen Ägypten sowie auf dem heutigen Balkan – gegenüber dem durch die Westmächte entzündeten Balkan-«Glaubenskrieg» …) —

Man sagt, Kabīr sei des Schreibens unkundig gewesen, weshalb seine Gedichte in diversen Hindi-Mundarten überliefert wurden.

Eine andere Tradition sagt, an einem bestimmten Tag im Jahr könne zum Jünger werden, wer immer einen Meister hat, der den Namen Gottes über ihm ausspricht; – und dies aufgrund der folgenden Anekdote aus dem Leben von Kabīr:

Menschen, die nahe dem Ganges leben, nehmen morgens dort ihr rituelles Bad. Der Heilige Bhakti-Guru *Ramananda* tat dies eines sehr frühen Morgens; doch als er zum Wasser hinunter ging, packte aus der Morgendämmerung eine kleine Hand seine große Zehe. Ramananda erschrak, und in seinem Schreck rief er den Namen Gottes aus. Als er aus dem Wasser stieg, sah er, daß auf dem Handrücken des Knaben in Urdu-Schrift der Name Kabīr geschrieben war. Er adoptierte ihn als seinen Sohn und Schüler und brachte ihn in seinen Ashram – sehr zum Entsetzen seiner Hindu-Schüler, deren einige ihn sofort unter Protest verließen.

Kabīr wurde aber nie ein strnger *Sadhu*, also kein Weltverächter und Asket: Er übte seinen Beruf aus, hatte Frau und Kinder und lebte so das ausgeglichene Leben eines Mystikers, der seine Aufgabe *in der Welt* sah:

Warum sollte ich mein Zuhause verleugnen und durch den Wald streifen? – Hilft Brahma mir, Wahrheit zu verwirklichen – wahrlich, dann werde ich Beides zuhause finden: Bindung und Losgelöstheit.

In der Ortschaft Kabīr Chaura in Varanasi gibt es noch heute ein Haus zu Ehren von Kabīr, wo auch die Gräber seiner muslimischen Zieh-Eltern untergebracht sind, und wo junge und ältere Gelehrte Kabīr verehren und seine Lehren studieren.

Kabīr erscheint in Legenden und Anekdoten u.a. als Fürsprecher der Armen und Unterdrückten – sowie bezüglich seiner Geschicklichkeit bei seiner Verteidigung vor Gericht – ähnlich jener seines christlich-zoroastrischen Vorläufers *Mani*, ca 1200 Jahre vor Kabīr. Vorallem kritisierte Kabīr alle intoleranten Sekten und Institutionen. So wurde er zugleich ein Erneuerer der Indischen Philosophie im Sinne von Universalität und gegenseitigem Verständnis (‹*Philosophia Perennis*›) – und ein Vorkämpfer für die Gemeinsamkeiten des Innersten jeder Religion. – Letzteres ist ein typischer Zug der Sufi-Lehre. Darum wird Kabīr noch heute auf der ganzen Welt, wo man ihn kennt, in hohen Ehren gehalten. Es scheint also nicht übertrieben zu sein, Kabīr als einen universellen Guru zu betrachten und zu ehren.

Diese seine Mittler-Funktion macht, daß Kabīr nicht als ein reiner Sufi – und schon gar nicht als ein typischer Yogi bezeichnet werden kann; – daß er im Gegenteil sowohl das Eine wie das Andere, und doch Keines davon ganz ist. Muslim, Hindus und Siks verehren ihn gleicherweise; – und sogar die westliche Theosophie hat manche Gemeinsamkeit mit seiner Dichtung. Unwiderstehlich ist die tiefe Poesie seiner ‹Gesänge›. – So steht Kabīr als eine heilige menschliche Brücke zwischen und über den großen Religionen und Traditionen in Indien – und auch noch in der heutigen Welt. Kabīr selber sagte von sich in diesem Sinne, er sei *«zugleich ein Kind von Allah und von Ram»*.

Diese Toleranz, sein Leben als ein weltlicher Mystiker sowie seine ständigen Bemühungen, Islam und Hinduismus zum friedlichen Zusammenleben zu überzeugen; – seine strenge Verurteilung von professionellem pietistischem Priestertum und weltfremden Religionsvorschriften brachte ihm Feindschaft, Hass und Verfolgung durch die religiösen Autoritäten von Varnasi ein. Mit ca. 60 wurde er verleumdet und vor den König zitiert (man erinnere sich an *Mani* im 3. Jh.!), entging dort zwar dem Todesurteil, wurde aber des Landes verwiesen. Als Verbannter durchwanderte er zusammen mit einer Schar Jünger Nord-Indien und starb im Jahr 1518 in Maghar, nahe Gorakhpur. – Andere haben andere Daten.

Eine der beliebtesten und am meisten gefundenen Legenden über Kabīr ist die ‹Geschichte› seines Begräbnisses:

Kabīrs Jünger stritten sich über seinem toten Körper: Die Hindus wollten ihn verbrennen; – die Muslim wollten ihn begraben. Da erschien Kabīr den streitenden Jüngern und hieß sie das Leichentuch lüften. Sie taten es – und fanden darunter anstelle des Leichnams nur duftende Blumen. Sie teilten die Blumen miteinander; die Muslim begruben ihre Blumen, während die Hindus die ihrigen feierlich verbrannten ... —

Die SANT-Tradition und die Bhakti-Bewegung

Unabhängig von der religiösen Einstellung des Mystikers Kabīr gegenüber religiöser Identität, wird er am meisten assoziiert mit den *Sant Mats* (Bedeutung: *heilige Narren*?) – einer losen Gruppierung von religiösen Lehrern – sog. Gurus, die vorallem im 13. bis 15. Jh. den Norden Indiens stark beeinflußten. Ihre Lehren waren revolutionär in dem Sinne, daß sie

o auf theosophischem Gebiet die nach innen gerichtete, liebevolle Hingabe («Bhakti») an ein oberstes göttliches Prinzip in den Mittelpunkt stellten.

o auf sozialem Gebiet Gleichheit und Gleichberechtigung als oberstes Prinzip lehrten – im Gegensatz zur Unterscheidung und den respektiven Privilegien von Kasten bzw. Vertretern unterschiedlicher Glaubensbekenntnisse (Hindus und Muslim vorallem).

Die Sants waren eine inhomogene ‹Gruppe›, denn grundsätzlich konnte Jedermann ihnen beitreten. Oft wurden Personen erst nach ihrem Ableben bei den Sants eingereiht: sei es aufgrund ihrer Lebensweise als ein *Bhakti* (ein Ergebener), sei es aufgrund der Ähnlichkeit ihrer Lehren betreffend den entsprechenden Weg – den sog. *Bhakti Marga* – verglichen mit der Beschreibung dieses Wegs in der *Bhagavad Gita*.

Da die *Sants* allen etablierten ‹orthodoxen› Bewegungen die Stirn boten, ist es nur natürlich, daß sie sich auch untereinander unterschieden. Sie stellen also eher ein Conglomerat unterschiedlicher spiritueller Persönlichkeiten unter dem gemeinsamen Grundsatz von *Hingabe und Liebe zu Gott* sowie der *Toleranz* dar, als eine eigentliche spirituelle Körperschaft. Umgekehrt bewirkte diese Heterogeneität ihrer Lehre und religiösen Praxis, daß sie über alle ideologischen Grenzen hinweg anerkannt und respektiert wurden (außer bei den etablierten Macht-Institutionen): Bhakti «wurde zum Erlösungsweg für Jedermann: Männer, Frauen und

Kinder; ob von niedriger oder hoher Kaste; ob von gesellschaftlichem Ansehen oder sozial gering, konnten ohne Weiteres ein vollgültiges Mitglied der Bhakti-Bewegung werden. Einige ihrer großen Repräsentanten werden als Heilige verehrt – bei Hindus, Muslim und Sik zugleich» (Walker).

Als erste Generation von ausdrücklich als *Sants* charakterisierten Lehrern erschien im 15. Jh. n.Chr. eine Gruppe – unter ihnen Kabīr – in der Region von Benares. Ihnen waren im 13. und 14. Jh. zwei hervorragende Figuren vorangegangen: *Namdev* und *Ramananda*. Letzterer war ein ‹*Vaishnava-Asket*› (nach Guru Vaishnava) und wurde früher allgemein als der Initiator von Kabīr, von Raidas (siehe Anm. 7) und anderen *Sants* betrachtet. Jedoch wird seine Geschichte auch anders erzählt – sowohl durch die spätere Linie der *Ramananda-Mönche* als auch durch andere *Sants* aus dem Zeitraum seines Lebens, und danach auch durch die *Siks*.

Das Wenige, was über den *Guru Kabīr* bekannt ist, unterstreicht, daß er eine *Religion der Liebe* predigte, daß er Schüler aus allen Kasten annahm (was orthodoxe Hindus seiner Zeit zum Stein des Anstoßes nahmen), und daß seine Schüler und Jünger die erste Generation von *Sants* belebten.

Kabīrs Erbe wird heute bewahrt und weiter verbreitet durch den sog. *Kabīr Panth – Pfad des Kabīr*. Das ist eine Religions-Gemeinschaft, die ihn als ihren Gründer verehrt. Ihre Mitglieder – etwas über 9.6 Millionen – werden ebenfalls *Kabīr Panths* genannt. Sie sind zerstreut über Nord- und Zentral-Indien sowie als Diaspora weltweit.

Die philosophischen Schwerpunkte

Kabīrs Hauptmerkmal in seiner Zeit wie für die unsrige ist seine Gegnerschaft betreffend Alles was man partikularistische Religiosität nennen könnte. Daran ändert die Tatsache nichts, daß immer wieder diese oder jene religiöse Bewegung ihn als ihren zentralen Exponenten in Anspruch nehmen wollte. Der synkretistische Einschlag der Lehren Kabīrs wird betont durch die Tatsache, daß er selber nichts aufschrieb, sodaß seine Reden und Dichtungen nur indirekt dokumentiert sind. Die Folge ist, daß Interpreten unterschiedlicher religiöser Tradition – Jeder in seiner Lokalsprache – auch unterschiedliche Versionen von ‹Kabīr-Worten› notierten, wie dies von Anderen spirituellen Lehrern ebenso bekannt ist – das N.T., den Qurān und seine *Hadith* eingeschlossen. Das führte zu drei separaten Codices – jeder mit seiner eigenen Perspektive. Unabhängig von dieser Varietät von Überlieferungen blieb doch die Essenz unverändert erhalten: Das Erreichen der Einheit mit dem Göttlichen schwingt durch alle Rezeptionen von Texten dieses «poetischen Genius», wie Kabīr auch genannt wird, hindurch.

Das hier angetönte religionsphilosophische Konzept von Kabīr und anderen Weisen, die als Mitglieder der *Sant Mats* angesehen werden, ist einfach: Das menschliche Leben als Ganzes ist als solches fundamental nichtswürdig, und die einzige sinnvolle Tätigkeit, die sich darin ergibt, ist die, aktiv nach der Vereinigung mit Gott zu streben:

Alles Geborene muß vergehen, so ist das Gesetz der Natur.
Der Narr glaubt, das sei dann das Ende der Reise;
aber der Weise weiß: das ist nur ein Schritt
auf der Reise.

Betreffend diese Vergänglichkeit alles Erschaffenen, liest man im *Bijak*, einer der größeren Textsammlungen, die Kabīr als Autor zugeschrieben werden:

Wo gehst du hin, mein Freund?
Du stehst nicht auf, noch hastest du im Haus herum.
Der Körper, gefüttert mit Süßigkeiten und Milch und Butter,
diese Gestalt, die du so schmücktest: sie wurde ausgestoßen.
Der Kopf, um den du so sorgsam den Turban knüpftest –
dieses Juwel; – den zerreißen die Raben.
Deine steifen Knochen brennen wie ein Haufen Holz,
Dein Haar wie ein Büschel Gras. –
Kein Freund besucht dich – und wo sind
die Elefanten, die du angebunden hast?
Du kannst nicht genießen den Saft von Maya:
Eine Katze, genannt der Tod, ist bei dir eingebrochen.
Sogar jetzt noch liegst du in deinem Bett,
da Yama's Bande über dich herfällt ... —

Die Suche nach der Vereinigung mit dem Göttlichen ist also sowohl der Sinn als auch das Ziel jeden Daseins und des ganzen Universums. Ein Kommentator schreibt: «Die Philosophie des Kabīr ist pantheistisch, obschon er ein Mitbegründer der Deistischen Bewegung in Indien war». So besteht Kabīr auch mehrfach auf der Feststellung, daß Gott für den ‹Weisen› jederzeit in jedem kleinsten Geschöpf gegenwärtig und erfahrbar ist; – und er geißelt andererseits Jene, die das nicht erkennen, bzw. die Theologen, die Ihn in den Schriften suchen, Ihn doch nicht finden und so den Geist und alles Geistige verraten:

*Kabīr! – Hundert Maß Milch wurden verschwendet,
tropfenweise
Die Milch gerann und wurde bitter –
und aller Rahm ging auch verloren.»*
(Ende des Zitats). –

Zugleich ‹erlaubte› Kabīr die Anbetung von *Vishnu, Rama, Hari* (eine Form von Vishnu; siehe Anm. 32), von *Govinda* (Krishna) und *Allah*: Dies seien alles nur Namen für das Eine allerhöchste Wesen. – Dennoch ist auch die Lehre des Pantheismus (so wie ihn der moderne Westen versteht) noch zu eng für Kabīrs Sicht der allübersteigenden Wesenheit Gottes, indem er Ihn (in einem rein gnostischen Sinne) als DAS alles Dasein umfassende und zugleich übersteigende Wesen ansah:

*Oh Kabīr: Es ist alles die Manifestation des Einen!
Verstehe die Natur des Einen – und Alles wird dir offenbar!
Aus dem Einen ist Alles geschaffen – und Alle
sind zusammen nur Eines!*

Das ist nichts Anderes als die gnostisch rosenkreuzerische Devise des Madathanus im 17. christlichen Jahrhundert: *Omnia ab Uno – et in Unum Omnia!*

Doch der Sucher kann nicht durch intellektuelle oder andere ich-persönliche Anstrengung den Zugang zu den göttlichen Mysterien finden. Die Motivation und die einzige Dynamik, die zu diesem hohen Ziel der Queste führen kann, ist die umfassende, tief empfundene Liebe zu Gott, das grenzenlose Vertrauen in die Liebe Gottes zu Seinen Geschöpfen, und eine *brennende Sehnsucht* nach diesem Heil – nach dieser höchsten Vereinigung:

*Alle meine Tage sind hingegangen im Warten auf Ihn,
Und die Nächte sind ebenso dahingegangen.
Oh Kabīr! – In diesen Augenblicken der Trennung
schreit mein Herz nach der Vereinigung!*

Die Umsetzung dieser Grundprinzipien bei Kabīr

Kabīr's weitgespannte Auffassung von Gott, Universum und Mensch äußert sich in seiner manchmal fast abrupten Opposition gegen jede religiöse Kategorisierung. Seine ständige Betonung des direkten Kontakts zu Gott, sein Haß auf alles abstrakte und schulphilosophische Argumentieren, seine rauhe Kritik an äußerlicher Religiosität: das sind die typischsten Charakteristika seines Auftretens in der Öffentlichkeit. Die verschiedenen Bekenntnisse sind – so lehrt er – lediglich verschiedene Ansichten derselben ‹Sache›, aus welchen die Seele diese ganz simple Vereinigung mit Brahma sucht, die das gemeinsame Ziel Aller ist; und sie sind nur insofern nützlich, als sie zu dieser Vollendung beitragen können. So universell ist Kabīr, daß er sich der Reihe nach als Vedanta, Vaishnavit, Pantheist, Transzendentalist, Brahmin und Sufi gibt. Für Kabīr konnte keine Offenbarungsreligion *per se* feste Gültigkeit haben – weder die Veden noch der Qurān. Jegliche Buch-Autorität lehnte er eindeutig ab und warnte die Leute davor, die Wahrheit in ‹Heiligen Büchern› zu suchen: *«Lesend stirbt die ganze Welt – und doch wird dabei keiner gelehrt!»* – soll einer seiner Aussprüche gewesen sein. – So insistierte Kabīr auf einer Grundaussage, die im europäischen Westen erst hundert Jahre später mit derselben Deutlichkeit ausgesprochen wurde: durch *Valentin Weigel*, den Luther-Schüler und ersten Theosophen in Deutschland (in seinem ‹*Gebetbüchlein*›): *«Du darfst Gott nicht beim Priester oder in der Kirche suchen, sondern nur in Dir selber!»* – Wer Gott anbeten will – so Kabīr – soll Tempel und Moscheen fliehen und Ihn suchen in den Feldern, in der Weber-Werkstatt, im friedlichen Zuhause: Auch die Rosenkranz-Perlen der Heiligen sind nur aus Holz, die Heiligenbilder sind nur aus Stein; – und selbst die göttlich heiligen Flüsse sind nur Wasser … – und so fort.

Religionsgeschichtlich gesehen stellt die poetisch mystische Lehre des Kabīr über die Annäherung an Gott einen Synkretismus aus Hindu- und Muslim-Theologie dar. Seine Perspektive gemäß ‹seinem› Werk *Bijak* (*der Sämling*) ist symptomatisch für seinen polyvalenten Zugang zur Spiritualität. Sein Sprachgebrauch schließt immer wieder Ideen aus der Hindu-Philosophie ein, wie *Brahman* und *Atman*; – dazu die fundamentalen hinduistischen Ideen von *Wiedergeburt und Karma*. – Zugleich mußte er das Kastensystem verwerfen als eine lächerliche Zwangs-Erfindung, die auf dem Weg eines Suchers keinen Platz finden kann. Im selben Sinne empfahl er wiederholt die Vernachlässigung des Qurān und der Veden zugunsten des ganz einfachen, direkten Wegs zur Vereinigung mit Gott auf dem ‹*Shahaj-Weg*› – dem ‹*Einfachen Naturweg*›.

Unabhängig davon, welcher der vorzüglich drei Textversionen man folgt, findet man eine Vermischung von Ansichten und Glaubenshaltungen, die aus dem Text heraus kritisiert werden können. So lehnen sich gewisse Gedichte an den Qurān und die islamisch monotheistische Auffassungen an, um polytheistische Hindu-Ansichten anzugreifen; – oder sie benutzen umgekehrt Sufi-Elemente, um das Hindu-Konzept zu stützen. Solche Elemente aus dem Sufitum sind z.B. *nam-simaran* (*das stete Erinnern an Gott*) und *viraha-bhavana* (die *Qual der Trennung von Gott* als der Liebsten oder dem Liebhaber). Andere Verse blicken in Richtung des *Buddhismus* – vorallem des buddhistischen *Tantra*, im Hinblick auf den Begriff der ‹allübersteigenden Realität› als Leere, und auf das Nirwana als *sahaj sithi* (*der Einfache, Losgelöste Zustand*, in anderen Sufi-Systemen auch die *Zufriedenheit* genannt). – Aus all diesen Gründen konnte die religionsphilosophische Denkweise von Kabīr sowohl Hindus als auch Muslim und Siks beeinflussen; denn der Grundton, der in immer wechselnder Tonart angeschlagen wird, bleibt stets derselbe.

Ein Wort noch zu den Ausdrücken *Verzicht* und *Entsagung*, die in den Gesängen so oft vorkommen: Zwar wurde bereits hingewiesen auf Kabīrs Kritik an jeglicher Sektiererei und Übertreibung – und dies besonders bezüglich Selbstkasteiung und Askese. Der Leser könnte sich nun aufhalten über diesen vermeintlichen Widerspruch, und daher wird eine Bemerkung dazu nützlich sein: Der Ausdruck *Askese* bedeutet wörtlich *Übung* – und zwar im ganz allgemeinen Sinn. Der Neophyt auf dem Pfad von Reinigung, Transformation und Transfiguration betritt diesen Pfad als ein mehr oder weniger gewöhnlicher Naturmensch mit all den damit verbundenen Gewohnheiten im Denken, in seiner Sprache, in seiner Ernährung, seinem Gehen und Stehen, Tun und Lassen. – Nun gibt es a priori keine einzige gute Gewohnheit; denn *Gewohnheit* bedeutet *Unbewußtheit*. Vieles davon hat mit *Dem Weg* nichts zu tun; – doch Manches bedeutet ein Hindernis, wenn auch nicht am Beginn, so doch beim Weiterschreiten. Auf solche Gewohnheiten soll der Kandidat der Mysterien *verzichten lernen* – nicht abrupt in Selbst-Vergewaltigung, sondern allmählich, mit steigender Bewußtheit – also nicht in schmerzhafter *Entsagung*, die sein Inneres, seine Seele verhärtet und sein Ich verstärkt (wie übrigens manche Yoga-Übungen im Westen auch), sondern in friedvoller innerer *Absage* an Alles, was den Weg behindern kann, zugunsten von Allem, was ihn wirklich fördert. So bleibt der Kandidat in jedem Moment autonom und authentisch, in Selbstverantwortung und zunehmend wahrem, wachem Selbstbewußtsein.

Mystische Poesie und Kabīr

Die Gedichte Kabīrs sind sehr typisch für die indische Sufi-Dichtung, wo Musik, Lieder und Liebe eine stets wiederkehrende

Rolle spielen – aber nicht der Wein wie bei den persischen Sufi-Poeten, was verständlich ist in einem Umfeld von Muslim, denen der Wein vom Qurān ‹verboten› ist. Indes ist auch in allen Fällen der Dichtungen des berühmten persischen Dreigestirns von *Mirza Schaffis*, *Hafis* und *Omar Chijam* mit *Wein* der *Geist*, die *Be-Geisterung* gemeint (was das oft wiederkehrende Thema des *Irdenen Krugs* sichtbar macht); – mit *Musik* die *Harmonia Mundi*, d.h. der Einheit Aller mit Allem und Allen;– mit *Liebe* die Liebe Gottes und die Liebe zu Gott; – mit dem *Duft* der ‹Duft der Weisheit›, welch Letztere noch durch die stets wieder erwähnte *Lotosblume* ausgedrückt wird. Und dieser Lotos wiederum öffnet die Tür zur indischen Mythologie – insbesondere für Anspielungen an *Saraswati*, die für alles was das Sufitum betrifft, repräsentativ ist: Schönheit, Musik, Wissenschaft, Philosophie, Weisheit, Kunst, Dichtung – wie die römische Venus, die griechische Pallas Athene und die Ägyptische Hat-Hor in deren vollkommenstem Ausdruck.[2]

Kabīr's Dichtkunst ist zugleich intensiv spirituell und extensiv philosophisch. ‹Seine› Schriften, geschrieben in der jeweiligen Lokalsprache der Region, wo sie verfaßt wurden, sind reich an Metaphern und Bildern aus dem konkreten täglichen Leben. Das macht sie unmittelbar zugänglich fürs Verständnis Aller.

Zugleich drücken sie die tiefsten philosophischen, theologischen, ontologischen und real existenziellen Gefühle und Gedanken aus, betreffend die Beziehungen zwischen Mensch und Gott, Mensch und Schöpfung, Schöpfung und Gott – sowie betreffend die Sinngebung und den Plan, die allen ‹Dingen› im Universum bei ihrem Zusammenspiel zugrunde liegen – im Kleinen wie im Großen.

Die Sensibilität und Bildhaftigkeit der Poesie von Kabīr sind es sicherlich, die diese unmittelbare Wirkung, ja Faszination selbst auf den westlichen – den allem Orientalischen a priori fremden Leser ausüben: eine Wirkung, die unmittelbar direkt das ‹Herz› betrifft, mittelbar aber auch das mentale Bewußtsein anspricht, beschäftigt und befriedigt. – Wohl könnte man Ähnliches ganz allgemein für jegliche tiefer gehende Poesie sagen; – aber bei Kabīr sind überdies diese tief-empfundene Dringlichkeit, diese unbedingte Orientierung und zugleich diese lebhafte Freude und Dankbarkeit ständig spürbar, die aus seiner Poesie eben mehr als nur spirituelle Poesie machen – zumindest für diejenigen Leser(innen), die sich die Muße und Mühe gönnen mögen, sich erstens ganz dafür zu öffnen, und zweitens selber tief genug einzudringen in die unausgesprochene, universell gültige *Eine Wahrheit.*

Darum wirkt diese Art von Poesie zugleich als sinn-dichterische Abbildung der weltlichen Wirklichkeit und auch als eine prophetische Verkündigung. Das kritisch mystische oder Geist-Seelen-Bewußtsein hat allein die Fähigkeit – und auch die Aufgabe – zwischen diesen beiden Ausdrucks- und Wahrnehmungs-Welten zu unterscheiden, zu vermitteln und sie zu harmonisieren: jene der als Realität empfundenen Scheinrealitäten der konkreten Welt und jene der intellektuell primär unzugänglichen, nur in Bildern ausdrückbaren Geisteswelt, in der Verbindung mit dem Geist – mit Gott – auf der Basis individuellen lebendigen Erfahrungs-Wissens – d.h. aufgrund von individueller *Gnosis.*

Kabīrs Dichtung ist Liebes-Poesie und – wie so viele Sufi-Dichtungen – stets verbunden mit diesem transzendenten *Empfindungs-Bewußtsein*, das nicht mit dem emotionalen Begriff *Gefühl* verwechselt werden darf. Kabīr's Gesänge sind in ihrer Weise Ausdruck einer spirituellen Intention – oft auch geradezu ein *Aufschrei der Extase* des ‹Liebenden›.

Wie die Gesänge und Hymnen aus dem Umkreis von *Mani* 1200 Jahre zuvor, so richten sich auch diese Gesänge in ihrem Ton und Ausdruck ganz nach dem Verständnis der möglichen Zuhörer, oft unter einer populären Oberfläche eine tiefe, nur Eingeweihten zugängliche Grundsubstanz offenbarend: Jedermann kann wissen, was Braut und Bräutigam, bedeuten, oder was ein Guru ist; – nur Wenige, was dieser *auch noch ist*; – aber die Wenigsten werden unterscheiden können, wann mit dem *«wahren Guru»* der Eine Gott gemeint ist. – Nur Wenige werden auch *aus eigener Erfahrung* das Empfinden kennen, eine *sehnsuchtsvolle Braut*, ein *im Wald herum irrender Pilger*, ein *Zugvogel* oder ein *Samenkorn* zu sein … – aber hier ist es, wo die Metaphern von Kabīr ihre tiefste Wirkung – ihre Didaktik und ihren Trost – entfalten!

So preist Kabīr immer wieder den wahren Guru, der den ‹göttlichen Gedanken› – die göttliche Inspiration am reinsten und direkt von Gott an die Menschen übermittelt – und dies eben nicht aufgrund von heiligen Schriften oder Prophezeihungen Dritter, sondern aufgrund seiner persönlichen gelebten Erfahrung und täglichen Lebensweise. Dementsprechend disqualifiziert Kabīr Selbstkasteiung und falsch verstandene Askese ebenso wie Dogmatik, Einseitigkeit und Fanatismus: Auch unterstreicht er immer wieder die weltweite Gemeinsamkeit und Brüderlichkeit Aller – sogar zwischen Guru und Jünger!

Kabīrs Dichtung und Philosophie verbinden Welt und Überwelt, Menschliches und Göttliches im selben Atemzug: da gibt es weder Trennung, noch Raum noch Zeit: Alles ist Teil des Großen Planes Gottes – und des *Großen Spiels der Gottheit*, worin der ‹Weise› mitspielt, wie das Kind auf der Mutter Schoß.

Indem er oder sie so mitspielen, erhalten sie jenes Empfinden der Realität Gottes – der Liebe Gottes – der Einzigen Wahrheit im Universum: diese Empfindung, die geisteswissenschaftlich ein «Bewußtsein» zu nennen ist, und die doch immer nur eine – wenn auch noch so tief empfundene – Ahnung der endgültigen *Vereinigung mit Gott* – das ist die *Wahadiyah* des Sufitums – ist und selbst für ein ‹spirituell gefärbtes› *menschliches Ich* auch bleiben muß.

Das Grab von Kabīr:
Ein Grab soll für den Jünger keine Kultstätte für eine längst verschwundene Persönlichkeit sein – wie wert sie ihm auch gewesen sei: Es ist vielmehr ein Ort, sich aufs eigene leibliche Sterben vorzubereiten, sein ‹Absterben der Ichpersönlichkeit nach› aber liebevoll und in Klarheit voranzutreiben – ohne Zwang.

DIE GESÄNGE DES KABĪR

Oh Diener, wo suchst Du mich?
  Sieh! – Ich bin neben Dir.[3]
Ich bin weder in Tempeln, noch in Moscheen,
  bin weder im Kailash noch in der Kaba[4]
Noch bin ich in Riten und Zeremonien; und auch
  nicht im Yoga und in der Askese.
Bist Du ein wahrer Sucher, so wirst Du mühelos
  mich finden im Augenblick!
Kabīr lehrt: «Oh Jünger! Gott ist der Atem
  allen Atmens.» [5]

Mein Freund! Hoffe auf Ihn, solange du lebst,
  wisse während du lebst, verstehe da du noch
  lebst, denn im Leben allein besteht die Erlösung!

Würden deine Bande nicht zerbrochen während du
  lebst,
  welche Hoffnung auf Erlösung läge dann im
  Tod?
Ein leerer Traum ist das: die Seele werde sich
  vereinen mit Ihm, nur weil sie ihren Körper
  verlassen hat.

Wird Er jetzt gefunden, wird Er auch gefunden
  dann.
Wo nicht, bleibt uns allein, Wohnung zu nehmen
  in der Stadt der Toten.
Bist du vereinigt jetzt, so wirst du es dann auch
  sein.
Bade in der Wahrheit, erkenne den wahren Guru; –
  halt fest den Glauben an den Wahren Namen![6]

Kabīr lehrt: «Der Elan des Suchens ist es, der hilft;
  – ich bin der Diener dieses Elans des Suchens.»

Geh doch nicht in den Blumengarten! –
  Oh, Freund! – Geh nicht dort hin!
In deinem Leib ist der Blumengarten.
Nimm Platz auf den tausend Blütenblättern des
  Lotos, und dort hefte den Blick auf die
  endlose Schönheit!

Unnötig ist's einen Heiligen zu fragen nach der
  Kaste zu der er gehört;
Denn der Priester, der Krieger, der Händler und
  alle die sechsunddreißig Kasten – sie alle
  suchen ganz ohne Unterschied nach Gott.
Bloß Narrheit ist es, zu fragen, von welcher Kaste
  ein Heiliger sei.
Der Barbier hat Gott gesucht, das Waschweib
  auch, und auch der Zimmermann.
Selbst Raidas war ein Sucher auf dem Weg zu
  Gott.[7]
Der Rishi Swapacha war von der Kaste der
  Gerber.[8]
So Hindu's wie Muslim haben erreicht jenes
  Ende, an dem kein Merkmal des Unterschieds
  mehr besteht.

Sage mir, Bruder, wie entkomme ich Maya?
Als ich aufgab das rituelle Binden von Schleifen,
  band ich noch immer doch mein Kleid um mich.
Als ich aufgab das Umbinden meines Kleides,
  hüllte noch immer doch ich den Körper in jene
  Falten.
Und so, wenn ich aufgebe all meine Leidenschaften,
  so bleibt noch immer doch der Zorn bestehen; →→

Und wenn ich aufgebe den Zorn, so ist doch stetes
    Verlangen noch immer mein Begleiter.
Und wenn das Verlangen besiegt ist, so bleiben
    doch immer noch Stolz und eitler Geltungsdrang.
Ist endlich das Gemüt ohne Bindung und wirft
    Maya von sich, so hängt es doch immer noch an
    den Lettern der Schrift.

Kabīr lehrt: «Höre auf mich, lieber Jünger! der
    wahre Pfad wird selten gefunden!»

Der Mond scheint in meinem Leib – jedoch meine
    blinden Augen sehen ihn nicht. –
Der Mond ist in mir, und auch die Sonne.
Die nie geschlagene Trommel der Ewigkeit: sie ist
    in mir; – jedoch meine tauben Ohren hören sie
    nicht. –

Solange der Mensch schreit nach dem ICH und
    dem MEIN,
    sind all seine Werke ohne Sinn noch Wert.
Ist alle Liebe fürs ICH und fürs MEIN jedoch
    gestorben, dann werden die Werke des Herrn
    getan.
Denn Arbeit hat kein anderes Ziel als Erreichen
    von Kenntnis: Kommt diese, wird jede Arbeit
    weggelegt.

Die Blüte blüht für die Frucht – formt sich diese,
    verwelkt die Blüte.
Der Moschus ist im Bock; doch sucht er ihn nicht
    in sich selber: Er wandert umher auf der Suche
    nach Gras.

Offenbart Er Selber Sich, so bringt Brahma zum
    Erscheinen
Das was niemals gesehen werden kann.
Wie der Same in der Pflanze – wie der Schatten im
    Baum – wie die Leere im Himmel ist, und wie
    unbegrenzte Formen sind im Raum –
So kommt von jenseits aller Begrenzungen
    Unendlichkeit, und aus dem Unbegrenzten
    schwärmt das Begrenzte hervor.
Die Geschöpfe sind in Brahma; – und Brahma ist
    in den Geschöpfen: Jedes auf ewig einzeln –
    und doch auf ewig Alle vereint.
Er Selber ist der Baum, der Same, und auch der
    Keim,
Er Selber die Blüte, die Frucht und auch der
    Schatten.
Er Selber ist Sonne, ist Licht, ist das Erleuchtete –
Er Selber ist Brahma, ist auch das Geschöpf – und
    ist auch Maya.
Er Selber ist Mannigfaltigkeit der Form, ist
    unendlicher Raum. – Er ist der Atem, das Wort
    und auch die Bedeutung.
Er Selber ist Grenze und die Unbegrenztheit – und
    über beiden – dem Begrenzten und dem
    Grenzenlosen – ist Er – das reine Dasein.
Er ist der innewohnende Geist in Brahma und in
    den Geschöpfen.

Die allüberragende Seele ist sichtbar in der Seele;
der PUNKT ist sichtbar in der allüberragenden
    Seele;
Und inmitten des PUNKTS wird sichtbar wieder die
    Spiegelung.[9]
Kabīr ist gesegnet, denn er hat diese allumfassende
    Schau!

In diesem irdenen Gefäß sind Gartenlauben und
    Haine, und inmitten ihrer ist der Schöpfer:
In diesem Gefäß sind die sieben Weltmeere und
    sind die nie gezählten Scharen der Sterne.
Der Prüfstein und der Edelstein-Schätzer sind in
    seinem Innern;
und in diesem Gefäß erklingt der Ewige, entspringt
    die QUELLE. [10]
Kabīr lehrt: «Höre mich an, mein Freund! Mein
    geliebter Herr ist im Innern!

Oh! Wie darf ich jemals das heilige Wort
    aussprechen?
Oh! Wie kann ich sagen: Er ist nicht wie Dies, und
    Er ist wie Das?
Sage ich: Er ist in mir – dann ist das Universum
    beschämt; –
Sage ich: außerhalb meiner – dann ist das Lüge.
Er macht, daß die innere Welt und die äußere
    untrennbar Eins sind.
Bewußtsein und Unbewußtsein – beide sind seine
    Fußschemel.
Er ist weder offensichtlicch noch verborgen –
Er ist weder offenbar noch ungeoffenbart:
Es gibt keine Worte, um auszusprechen, was Er ist.

Zu Dir hin hast du meine Liebe gezogen, – Oh
Fakir![11]

Ich lag schlafend in meiner eigenen Kammer, doch
Du wecktest mich auf, da Du mich anschlugst
mit Deiner Stimme – Oh Heiliger!

Ich war ein Ertrinkender in den Tiefen des Ozeans
dieser Welt, doch Du hast mich errettet, mich
aufhebend in Deinem Arm, – Oh Heiliger!

Ein einziges Wort nur – kein zweites – und Du
machtest, daß all meine Bande ich zerriß – Oh
Heiliger!

Kabīr sagt: «du hast Dein Herz mit meinem
Herzen vereinigt – Oh Heiliger!»

Tag und Nacht vergnügte ich mich mit meinen
Kameraden, und nun bin ich in schrecklicher
Angst.

So hoch erhaben ist meines Herrn Palst: Mein Herz
zittert davor, seine Stufen zu ersteigen; – und
doch darf ich nicht ängstlich sein, wenn ich je
mich erfreuen möchte seiner Liebe.

Mein Herz muß hängen an meinem Liebhaber; ich
muß meinen Schleier lüften und Ihn empfangen
mit meinem ganzen Leib.

Meine Augen müssen vollführen die Zeremonie
der Lampen der Liebe.[12]

Kabīr sagt: «Höre mir zu, Freund: Wer liebt,
versteht. – Empfindest Du keine Liebes-
Sehnsucht nach Deinem Geliebten, ist es eitel,
Deinen Körper zu schmücken – und sinnlos,
Deine Lider zu salben.»

Erzähle mir, oh Schwan, Deine uralte Mär:[13]

Aus welchem Lande kommst Du, oh Schwan? Zu welchen Ufern wirst Du fliegen?

Wo wirst Du Rast halten, und wonach suchst Du?

Noch diesen Morgen – oh Schwan! – erwache: steh auf und folge mir!

Es gibt ein Land, wo weder Zweifel noch Sorge regieren: da ist der Schrecken des Todes nicht mehr.

Dort steh'n die Frühlings-Wälder in voller Blüte, und der zarte Duft *«Er ist Ich!»* weht im Wind.[14]

Dort ist tief eingesenkt die Biene des Herzens und sie begehrt keine anderen Freuden mehr.

Oh Herr! – Unerschaffener! – wer wird Dir dienen?

Jeder Verehrer opfert seine Anbetung dem Gott seiner eigenen Schöpfung: Jeden Tag empfängt der den Dienst –

Keiner sucht aber Ihn, den Vollkommenen: BRAHMA, den Unsichtbaren Herrn.

Jene glauben an zehn AVATARE; aber kein Avatar kann doch der grenzenlose Geist sein; – denn er erleidet die Wirkungen seiner Taten.[15]

Der Eine Allerhöchste muß anders sein, als diese.

Die Yogi, die Sannyashin und die Asketen – sie alle streiten gegen einander.

Kabīr lehrt: «Oh Bruder! Er, der den Seelenglanz der Liebe gesehen hat, er ist gerettet!»

Der Fluß und seine Wellen – sie sind *eine* Reise:
  Wo liegt der Unterschied zwischen dem Fluß
  und seinen Wellen?
Steigt die Welle hoch, ist es das Wasser – und fällt
  sie wieder, so ist es dasselbe Wasser doch: Sag
  mir, Mensch, worin wohl der Unterschied
  zwischen den Beiden liegt?
Nun da es Welle genannt wird, soll es da wohl
  nicht länger als Wasser betrachtet werden?

Im allerhöchsten Brahma werden die Welten
  abgezählt wie Perlen:
Schau auf diesen Rosenkranz mit den Augen der
  Weisheit![16]

Wo Frühling – der Herr aller Jahreszeiten –
  regiert, da erklingt die Ungespielte Musik aus
  sich selber.
Dort fließen die Ströme des Lichts in allen
  Richtungen. –
Wenige sind's, die zu diesen Ufern überfahren
  können!

Dort wo Millionen von Krishna's steh'n mit
  gefalteten Händen –
Wo Millionen von Vishnu's ihre Häupter beugen –
Wo Millionen von Brahma's die Veden lesen –
Wo Millionen von Shiva's in Betrachtung verloren
  sind –
Wo Millionen von Indra's im Himmel wohnen –
Wo Halbgötter und Manu's ganz unzählbar sind –
Wo Millionen von Saraswati's – Göttin der Musik
  – auf der Vīna spielen:
Dort ist mein Herr selbst-offenbart; und der Duft
  von Sandel und Blüten wohnt in jenen Tiefen.

Zwischen den Polen von Unbewußtheit und
  Bewußtsein hat das Gemüt eine Schaukel
  aufgehängt:
An dieser hängen alle Wesen und alle Welten –
  und diese Schaukel steht nie still.
Millionen von Wesen sind dort: Die Sonne und der
  Mond auf ihrem Lauf sind dort:
Millionen von Zeitaltern vergehen, aber die
  Schaukel schwingt weiter … –
Alles schwingt! Der Himmel und die Erde, die
  Luft und das Wasser; – und Der Herr selbst,
  indem Er Gestalt annimmt.
Und die Schau von all Diesem hat Kabīr zum
  Diener gemacht.

Das Licht der Sonne, des Monds und der Sterne
  scheint hell:
Die Melodie der Liebe quillt hervor, und der
  Rhythmus der Losgelöstheit der Liebe schlägt
  den Takt dazu.
Tag und Nacht erfüllt der Chor der Musik die
  Himmel. –
Kabīr sagt: Mein Hoher Geliebter erglüht wie das
  Wetterleuchten am Himmel.

Wißt ihr, wie die Kräfte ihre Anbetung verrichten?
Seine Kette von Lichtern schwenkend singt das
  Universum in Anbetung, Tag und Nacht.
Da sind die verborgenen Spruchbänder und der
  geheime Thronhimmel:
Da wird gehört der Klang der nie-gesehenen
  Glocken; –
Kabīr sagt: «Nie hört dort die Anbetung auf; – dort
  sitzt der Herr des Universums auf Seinem Thron.»

Die ganze Welt tut ihre Werke und begeht ihre
Irrtümer; – doch rar sind die Liebenden, die den
Geliebten kennen.

Der ergebene Sucher ist der, welcher in seinem
Herzen vermischt die doppelten Ströme aus
Liebe und Losgelöstheit, wie in der Vermischung
der Ströme des Ganges und der Yumna.[17]

In seinen Herzen fließt das heilige Wasser Tag und
Nacht; und so wird das Rad der Geburten und
Tode zum Stillstand gebracht.

Seht doch, welch wunderbare Ruhe ist im
Allerhöchsten Geist! Und es erfreut sich ihrer,
wer sich dafür geeignet macht.

Gehalten durch die Saiten der Liebe, schwingt hin
und wieder die Schaukel des Ozeans der
Freude; – und ein mächtiger Ton bricht hervor
im Lied.

Seht, welch ein Lotos dort blüht, ohne Wasser! –
Und Kabīr sagt: «Meines Herzens Biene trinkt
ihren Nektar.»

Welch wunderbarer Lotos doch, der blüht im
Herzen des kreisenden Rads des Universums!
Nur wenige reine Seelen wissen von seiner
wahren Wonne.

Musik ist stets um ihn herum; und das Herz hat dort
Anteil an der Seligkeit des unendlichen Meeres –

Kabīr sagt: «Kommt, taucht in diesen Ozean der
Süße – so laßt ihr alle Irrungen des Lebens und
des Tods entflieh'n!»

Seht doch wie der Durst der fünf Sinne dort gestillt
wird! – Und die drei Formen von Elend sind
dort nicht mehr![18]

Kabīr sagt: «Dies ist das Spiel des Einen
Unerreichbaren: Schau in dein Innerstes und
nimm wahr, wie die Mondstrahlen des
Verborgenen Einen in Dir erstrahlen!»

Dort pocht der rhythmische Takt von Leben und
  Tod:
Verzückung quillt auf, und aller Raum erstrahlt
  von Licht.
Dort wird die Ungespielte Musik angestimmt: Das
  ist die Musik der Liebe zu den Drei Welten.
Dort brennen Millionen von Lampen der Sonne
  und des Monds;
Dort erklingt die Trommel, und der Liebende wiegt
  sich im Spiel.
Dort erschallen Liebeslieder, und Licht regnet in
  Schauern herab; und der Anbetende wird in
  Trance versetzt vom Genuß des himmlischen
  Nektars.
Schau hin auf Leben und Tod: Keine Trennung ist
  zwischen ihnen;
Die Rechte und die linke Hand sind Ein und
  Dasselbe.
Kabīr sagt: «Dort ist der Weise sprachlos; denn
  diese Wahrheit wird nie gefunden in den Veden
  oder in Büchern.»

Dort ist der ganze Himmel erfüllt von Wohlklang,
    und die Musik wird dort ohne Finger noch
    Saiten gespielt; –
Dort hört das Spiel von Wohlgefühl und Schmerz
    niemals auf.[19]
Kabīr sagt: «Vereinigst du Dein Leben mit dem
    Ozean des Lebens,
so wirst du Dein Leben finden im sublimen Land
    der Glückseligkeit.»

Welch ein Wirbel der Extase doch zu jeder Stunde!
    Und der Anbeter preßt heraus und trinkt der
    Stunden Essenz: Er lebt im Leben von Brahma.
Ich spreche die Wahrheit; denn ich habe die
    Wahrheit im Leben angenommen: Ich hänge
    jetzt der Wahrheit an; – allen Tand habe ich
    hinweggewischt.
Kabīr sagt: «Dann wird der Anbeter befreit von der
    Angst; – da haben alle Irrungen von Leben und
    Tod ihn verlassen.»

Dort ist der Himmel erfüllt von Musik; – dort
    regnet es Nektar; –
Dort klingen die Harfensaiten; – dort schlagen die
    Trommeln …
Welch geheimnisvoller Glanz dort, im hohen Haus
    des Himmels!
Dort wird das Auf- und Untergehen der Sonne mit
    keinem Wort erwähnt; –
Im Ozean der Erscheinungen, der das Licht der
    Liebe ist, werden Tag und Nacht als Eines
    empfunden.
Ewige Freude – keine Sorge noch Gewühl!
Dort sah ich Freude gefüllt bis zum Rand –
    Vollkommenheit der Freude: –
Für Irrtümer ist dort kein Raum.

Kabīr sagt: «Dort sah ich das Spiel von Einzige Seligkeit!»

Ich habe in meinem Körper das Spiel des Universums erkannt: Ich bin dem Irrtum dieser Welt entronnen.

Das Inwendige und das Äußere sind geworden wie ein einziger Himmel; – das Grenzenlose und das Begrenzte sind vereint: Ich bin trunken von der Schau des Alls!

Dieses Dein Licht erfüllt das Universum: es ist die Lampe der Liebe, die auf dem Leuchter der Kenntnis brennt.

Kabīr sagt: «Dort kann der Irrtum nicht eindringen; und der Streit von Leben und Tod wird dort nicht mehr gespürt.»

Die mittlere Region des Himmels, worin der Geist wohnt, erstrahlt von der Musik des Lichts:

Dort, wo die reine, weiße Musik blüht, hat der Herr Seine Wonne.

Im wundersamen Blitzen jedes Haars Seines Körpers verliert sich die Helligkeit von Millionen von Sonnen und Monden.

Auf jenem Strand liegt eine Stadt, wo der Regen von Nektar gießt und gießt und niemals aufhört.

Kabīr sagt: «Kommt her, Ihr Diener der Religion! – Schaut meines Großen Herren Durbar!»[20]

Ich habe meinen Platz gehabt auf dem Einen
ausgeglichen in Sich selber Ruhenden,
Ich habe getrunken aus dem Kelch des
Unaussprechlichen,
Ich habe gefunden den Schlüssel der Mysterien,
Ich habe erreicht die Wurzel der Vereinigung.
Reisend auf keiner Spur kam ich ins Sorgenfreie
Land: Ganz leise ist die Gnade des Großen Herrn
über mich gekommen.
Sie besangen Ihn als unbegrenzt und unerreichbar; –
aber ich in meinen Betrachtungen habe Ihn
erschaut ohne Ihn zu sehen.
Jenes ist wirklich das Sorgenfreie Land, und
Niemand kennt den Weg, der dahin führt:
Jener nur, der auf jenem Einen Pfad wandelt, hat
sicherlich jeglichen Gram überwunden.
Wunderbar ist dieses Land der Ruhe, das mit
keinem Verdienst er-dient werden kann:
Der Weise ist's, der es erschaut hat; – der Weise
ist's, der es besang.
Dies ist das Endgültige Wort: Doch kann irgend ein
Wort Seinen wunderbaren Wohlgeschmack
ausdrücken? – Er der Es einmal geschmeckt hat
– er weiß, welche Freude es schenken kann.
Kabīr sagt: «Wenn er Es kennt, wir der Unwissende
weise, und der Weise wird sprachlos und
schweigt.

Der Verehrer wird davon stock-betrunken.
Seine Weisheit und seine Losgelöstheit werden
dadurch vollkommen.
Er trinkt aus dem Kelch der Einatmungen und
Ausatmungen der Liebe.»

Oh mein Herz! – der allüberragende Geist, der
  Große Meister ist dir nahe: Wach auf! – Oh!
  Erwache!
Eile zu den Füßen deines Geliebten; denn Dein
  Herr steht nahe Dir zu Häupten.
Du schliefst während unzählbaren Zeiten: Willst
  du nicht erwachen heute Morgen?

Zu welchen Ufern möchtest du überfahren, mein
  liebes Herz? Da ist kein Reisender vor Dir; da
  ist keine Straße:
Wo ist die Bewegung – wo ist die Ruhe an jenem
  Ufer?
Da ist kein Wasser; – kein Boot; – und kein
  Fährmann ist da;
Da ist nicht einmal ein Seil, um das Boot zu
  schleppen, noch ein Mensch, es zu ziehen.
Keine Erde, kein Himmel, keine Zeit und gar
  nichts ist dort: kein Ufer und keine Furt!
Dort gibt es weder Körper noch Gemüt; – und wo
  ist der Ort, der den Durst der Seele stillen
  kann? – Nichts wirst du finden in jener Leere.
Sei stark und geh hinein in deinen eigenen Körper:
  Denn dort ist fester Halt für deinen Fuß. –
  Bedenke es wohl, oh mein Herz! Geh nicht
  anderswo hin!
Kabīr sagt: «Verscheuche alle Einbildung und steh
  fest in dem was du bist!»

Lichter brennen in jedem Haus, oh du Blinder! –
Und du kannst sie nicht sehen.
> Eines Tages werden deine Augen mit Eins geöffnet
> werden, und du wirst sehen; – und die Fesseln
> des Todes werden abfallen von dir.
> Nichts gibt es zu sagen, noch zu hören; – da ist
> nichts zu tun: Er der lebend doch tot ist, ist es,
> der nie mehr sterben wird.

> Weil er in Einsamkeit lebt, sagt der Yogi, seine
> Heimstatt sei weit, weit weg.
> Dein Herr ist nahe; – du aber erkletterst die Palme,
> um Ihn zu suchen.
> Der Brahmanen-Priester geht von Haus zu Haus
> und unterrichtet die Leute im Glauben:
> Oh weh! Die wahre Quelle des Lebens quillt neben
> dir; doch du hast einen Stein aufgestellt, um
> anzubeten.
> Kabīr sagt: «Nie werde ich ausdrücken können,
> wie lieblich mein Herr ist. Yoga und das Zählen
> von Perlen – Tugend und Laster – all dies ist
> Nichts vor Ihm.

> Oh Bruder, mein Herz ersehnt jenen treuen Guru,
> der den Kelch wahrer Liebe füllt, selbst davon
> trinkt und ihn mir dann reicht.
> Er entfernt den Schleier von den Augen und
> schenkt die wahre Sicht von Brahma:
> Er eröffnet die Welten in Ihm und macht, daß ich die
> ungespielte Musik hören kann.
> Er zeigt, wie Freude und Kummer nur Eines sind:
> Er füllt jede Äußerung mit Liebe.
> Kabīr sagt: «Wahrlich; Der ist ohne Furcht, der
> solch einen Guru hat, ihn zum sicheren Obdach
> zu führen!»

Die Abendschatten fallen dicht und tief, und die
    Finsternis der Liebe umhüllt den Leib und das
    Gemüt.
Öffne Dein Fenster nach Westen, und verliere dich
    im Himmel der Liebe; –
Trink den süßen Honig, der die Blütenblätter des
    Lotos des Herzens durchtränkt.
Empfange die Wogen in deinem Leib: Was für ein
    Glanz ist doch in der Region des Meeres!
Horch auf! – Die Klänge von Muscheln und
    Glocken steigen auf!
Kabīr sagt: «Oh Bruder, schau her! Der Herr ist in
    diesem Gefäß meines Körpers!»

Mehr denn alles Andere verehre ich von Herzen
    jene Liebe, die mich ein grenzenloses Leben
    leben läßt in dieser Welt.
Das ist wie der Lotos: Im Wasser lebt er; im Wasser
    blüht er; aber das Wasser kann seine Blüten
    nicht berühren: Sie entfalten sich, wo es nicht
    hin reicht.
Das ist wie eine Gattin, die ins Feuer geht wegen
    des Gebots der Liebe: Sie verbrennt und läßt
    Andere trauern, doch nie entehrt sie die Liebe.[21]
Dieser Ozean des Lebens ist schwierig zu
    überqueren: Sehr tief sind seine Wasser. –
    Kabīr sagt: «Hör auf mich, oh Jünger! Gar
    Wenige sind es, die das jenseitige Ufer erreicht
    haben.»

Mein Herr verbirgt Sich; – und mein Herr
offenbart Sich gar wunderbar:
Mein Herr hat mich mit Härte umgeben; – und
mein Herr hat meine Begrenzungen nieder-
gerissen.
Mein Herr bringt mir Worte des Kummers und
Worte der Freude; und Er selber besänftigt
ihren Widerstreit.
Ich will meinen Leib und mein Gemüt meinem
Herren hingeben: Ich will auf mein Leben
verzichten, aber niemals kann ich vergessen
meinen Herrn!

Alle Dinge sind erschaffen durchs Amen. [22]
Die Liebesgestalt ist Sein Leib.
Er ist ohne Gestalt, ohne Eigenschaften, ohne
Zerfall: [23]
Suche du die Vereinigung mit Ihm!
Dieser formlose Gott aber nimmt tausend Formen
an in den Augen Seiner Geschöpfe:
Er ist rein und unzerstörbar.
Seine Form ist unbegrenzt und unermeßlich;
Er tanzt in Extase; und Wellen von Form
entsteigen Seinem Tanz.
Leib und Gemüt können sich nicht fassen, wenn
sie berührt werden von Seiner großen Freude.
Er ist eingetaucht in allem Bewußtsein, in allen
Freuden und in allen Sorgen;
Er hat weder Anfang noch Ende; –
Er hält Alle und Alles in Seiner Wonne.

Tanze, mein Herz! – Tanz heute mit Freude!
Die Klänge der Liebe erfüllen die Tage und Nächte
    mit Musik, und die Welt lauscht ihren
    Melodien.
Verrückt vor Freude tanzen Leben und Tod zum
    Rhythmus dieser Musik. Die Hügel, die See und
    die Erde, sie tanzen. – Die Welt der Menschen
    tanzt mit Gelächter und tanzt in Tränen.
Wozu ein Mönchskleid anziehen und fern von der
    Welt leben in einsamer Überheblichkeit?
Sieh doch! Mein Herz tanzt in der Wonne von
    tausend Künsten; und der Schöpfer freut sich
    sehr!

Auf diesem Baum ist ein Vogel, der tanzt voller
    Freude des Lebens.
Keiner weiß, wo er ist; – und wer weiß, womit
    seine Musik beladen sein mag?
Da wo die Zweige tiefe Schatten werfen, da hat er
    sein Nest; – er kommt am Abend und fliegt am
Morgen wieder weg; und er sagt nicht ein Wort
    von dem, was er meint.
Niemand spricht mir von jenem Vogel, der in mir
    singt.
Er ist weder bunt noch farblos; er hat weder Form
    noch Gestalt; – er sitzt im Schatten der Liebe.
Es wohnt im Unerreichbaren, Unbegrenzten,
    Immerwährenden; und niemand sagt's, wenn er
    kommt oder geht.
Kabīr sagt: «Oh Bruder Sadhu![24] – Tief ist das
    Mysterium. Laß weise Menschen das Wissen
    suchen, wo dieser Vogel ruht!»

Gorakhnath [25] frägt den Kabīr:

«Sage mir, oh Kabīr, wann begann Deine Berufung?
 – Wann nahm Deine Liebe ihren Aufstieg?»

Und Kabīr antwortet:

«Als Er, dessen Formen mannigfaltig sind, sein
 Spiel noch nicht begonnen hatte; – als es noch
 keinen Guru gab und keinen Jünger; – als die
 Welt noch nicht ausgebreitet war; – als der
 Allerhöchste noch ganz allein war –

Damals wurde ich ein Asket; – damals, oh Gorakh,
 wurde meine Liebe zu Brahma hingezogen.

Brahma trug noch nicht die Krone auf seinem
 Haupt; – der Gott Vishnu war noch nicht zum
 König gesalbt; – die Kraft von Shiva war noch
 immer ungeboren; – da wurde ich schon im
 Yoga unterwiesen.

Ich wurde plötzlich offenbart in Benares, und
 Ramananda erleuchtete mich.

Ich brachte mit mir den Durst nach dem
 Unbegrenzten, und ich bin gekommen, um Ihm
 zu begegnen.

In Einfachheit werde ich mich vereinen mit Dem
 Einen, Einfachen; – da wird meine Liebe sich
 erheben.

Oh Gorakh, marschiere du zu Seiner Musik!»

Vor dem Angesicht des Bedingungslosen tanzt
 der Bedingte:

«Du und ich sind Eins!» – verkündet die Trompete.

Der Guru kommt und verneigt sich vor dem
 Jünger:

Dies ist das größte aller Wunder.

Wo bleibt der Bedarf nach Worten, wenn Liebe das Herz trunken gemacht hat?

Ich habe den Diamanten in meinen Mantel gewickelt: Wozu ihn öffnen, immer und immer wieder?

Als ihre Last leicht war, ging die Waagschale hoch; – nun ist sie voll: wo bleibt da die Notwendigkeit, zu wägen?

Der Schwan ist aufgeflogen zum See hinter den Bergen: wozu sollte er da weiterhin nach Weihern und Pfützen suchen?

Dein Herr wohnt in dir selber: warum müssen da deine äußeren Augen noch geöffnet werden?

Kabīr sagt: «Hör zu, mein Bruder! mein Herr, der meine Augen entzückt, hat Sich mit mir vereinigt.»

Oh Freund, wache auf und schlaf nicht mehr!
Die Nacht ist vorbei und vergangen – willst du
    nun auch den Tag verschlafen?
Andere, die aufwachten, erhielten Juwelen; –
Oh närrisch Weib! Du hast Alles verloren,
    während du schliefst.
Dein Liebhaber ist weise, doch du bist närrisch, oh
    Weib!
Nie hast du das Bett Deines Bräutigams bereitet; –
Oh du Verrückte! Du verlorst deine Zeit mit
    albernem Spiel.
Deine Jugend verging umsonst, denn du hast
    deinen Herrn nicht erkannt;
Wach auf! – Wach auf! – Sieh nur! Dein Bett ist
    leer: In der Nacht verließ er dich.
Kabīr sagt: «Nur Sie wacht, deren Herz durchbohrt
    ist vom Pfeil Seiner Musik.»

Wo ist die Nacht, wenn die Sonne scheint? – Ist
    es Nacht, so zieht die Sonne ihr Licht zurück.
Wo Kenntnis ist: kann da Unwissenheit bleiben? –
    Wo Unwissenheit ist, da muß Kenntnis sterben.
Wo Begierde ist, wie kann da Liebe sein? – Da wo
    Liebe ist, ist keine Begierde.

Leg die Hand an dein Schwert und komm mit in
    den Kampf: Kämpf, oh mein Bruder, solange
    das Leben dauert!
Schlag deinem Feinde den Kopf ab und mach ihm
    so rasch ein Ende; dann komm und beuge dein
    Haupt vor dem Durbar Deines Königs.
Nie weigert der Tapfere den Kampf: Wer davor
    flieht, ist kein echter Krieger: (→→)

Auf dem Schlachtfeld dieses Körpers spielt sich
ein großer Krieg ab: gegen Leidenschaft, Zorn,
Stolz und Gier.
Im Reich der Wahrheit, Genügsamkeit und
Reinheit ist es, wo dieser Kampf tobt; und das
Schwert, das am lautesten klirrt, ist das Schwert
Seines Namens.

Kabīr sagt: «Wenn ein tapferer Ritter den
Kampfplatz betritt, wird ein Heer von
Feiglingen in die Flucht geschlagen.
Ein harter und mühseliger Kampf ist dieser Kampf
des Suchers nach Wahrheit; denn das Gelöbnis
des Wahrheitssuchers ist härter als das des
Kriegers; – härter als das der Witwe, die ihrem
Ehemann folgen will. [26]
Denn der Krieger kämpft nur ein paar Stunden; –
und der Todeskampf der Witwe ist schnell
vorbei.
Aber des Wahrheitssuchers Kampf dauert fort, Tag
und Nacht: So lange das Leben dauert, ruht er
nie.

Das Schloß des Irrtums verschließt das Tor: Öffne
es mit dem Schlüssel der Liebe!
Denn mit dem Öffnen der Türe wirst du den
Geliebten wecken.
Kabīr sagt: «Oh Bruder! – Geh nicht vorbei an
einem Glück wie diesem!»

Ein arger Schmerz verwirrt mich Tag und Nacht
und läßt mich nicht schlafen:
Ich sehne mich nach der Vereinigung mit meinem
Geliebten, und mein Vaterhaus macht mir keine
Freude mehr.
Die Tore der Himmel sind geöffnet; – der Tempel
ist offenbar:
Ich begegne meinem Bräutigam und lege zu
Seinen Füßen das Opfer meines Körpers und
meines Gemüts.

Mein Leib und mein Gemüt sind bekümmert aus
Verlangen nach Dir:
Oh komm, mein Geliebter! Komm in mein Haus!
Wenn die Leute sagen, ich sei Deine Braut, dann
schäme ich mich; denn ich habe nicht Dein
Herz mit meinem Herzen berührt.
Was ist denn diese meine Liebe? – Ich habe keine
Lust zu essen, ich finde keinen Schlaf; mein
Herz ist stets rastlos, ob ich nun drinnen oder
draußen bin.
Wie Wasser für den Durstigen, so ist der Liebende
für die Braut. – Wo ist er, der meine Botschaft
zu meinem Geliebten bringen wird?
Kabīr ist ohne Rast noch Ruhe: er verschmachtet
nach dem Anblick von Ihm.

Es ist die Gnade meines wahren Gurus, die mir
  Erkenntnis schenkte des Unwißbaren;
Ich lernte von Ihm, zu gehen ohne Füße, zu sehen
  ohne Augen, zu hören ohne Ohren, zu trinken
  ohne Mund und zu fliegen ohne Flügel.
Ich brachte meine Liebe und meine Beschauung in
  jenes Land, wo weder Sonne noch Mond sind,
  weder Tag noch Nacht.
Ohne zu essen habe ich gekostet die Süße des
  Nektars; – und ohne Wasser habe ich meinen
  Durst gestillt.
Wo das Echo der Wonne erklingt, da ist Fülle der
  Freude. Vor wessen Angesicht kann diese Freude
  ausgedrückt werden?
Kabīr sagt: «Der Guru ist größer als Worte es
  ausdrücken können; und groß ist das Gute
  Geschick seines Jüngers.»

Wie könnte die Liebe zwischen Dir und mir
  getrennt werden?
Wie das Lotosblatt auf dem Wasser ruht, so bist
  Du mein Herr – und ich Dein Diener.
Wie der Nachtvogel *Chakor* die ganze Nacht lang
  zum Mond aufschaut, so bist Du mein Herr –
  und ich Dein Diener.
Seit dem Anfang der Zeit bis zu ihrem Ende
  besteht die Liebe zwischen Dir und mir; – wie
  könnte solche Liebe erkalten?
Kabīr sagt: «Wie der Strom in den Ozean mündet,
  so rührt mein Herz an Dich.»

Oh Freund! Dieser Körper ist Seine Leier: Er spannt ihre Saiten und entlockt ihr die Melodie von Brahma.
Wenn die Saiten zerspringen und die Wirbel sich lockern, dann muß zum Staub zurückkehren dieses Instrument von Staub.
Kabīr sagt: «Niemand als Brahma kann ihm seine Melodien entlocken.»

Der ist wahrlich teuer mir, der den Wanderer zurückrufen kann nach seinem Zuhause. – Zuhause ist die wahre Einigkeit; – zuhause erfreut man sich des Lebens: Warum sollte ich mein Zuhause verleugnen und durch den Wald streifen? [27] – Hilft Brahma mir, Wahrheit zu verwirklichen – wahrlich, dann werde ich Beides zuhause finden: Bindung und Losgelöstheit.
Der ist wahrlich teuer mir, der die Kraft hat, tief einzutauchen in Brahma; – er, dessen Geist sich mit Leichtigkeit löst in seinen Betrachtungen.
Der ist wahrlich teuer mir, der Brahma kennt, der in Seiner höchsten Wahrheit verweilen kann bei seinen Meditationen; – er, der die Melodie des Unendlichen spielen kann, indem er Liebe und Entsagung vereinigt im Leben.
Kabīr lehrt: «Das Zuhause ist der Ort zum Verweilen; – zuhause ist Wirklichkeit; – das Zuhause hilft, Ihn zu erlangen, der wirklich IST. Bleib also, wo du bist; und Alles wird zu Dir kommen zur rechten Zeit.»

Wer bist du, und woher kommst du?
Wo wohnt jener allerhöchste Geist, und wie hat Er
  seinen Spaß mit allen erschaffenen Dingen?
Das Feuer ist im Holz; – doch wer erweckt es so
  plötzlich? Dann wird es zu Asche – und wohin
  geht die Kraft des Feuers?
Der echte Guru lehrt, daß ER weder Grenze noch
  Unbegrenztheit besitzt.
Kabīr sagt: «Brahma paßt Seine Sprache dem
  Verständnis Seines Hörers an.»

Oh Sadhu! reinige deinen Leib auf die einfache
  Art.
So wie der Same im Innern des Banya-Baums[28] ist,
  und im Samen die Blüten, die Früchte und der
  Schatten:
So liegt der Keim im Innern des Leibs; und in
  diesem Keim liegt wiederum der Leib verborgen.
Das Feuer, die Luft, das Wasser und die Erde
  sowie der Äther – du kannst sie nicht haben
  außerhalb von Ihm.
Oh Kazi, oh Pundit, bedenkt es gut: Was gibt es,
  das nicht in der Seele ist? [29]
Der wassergefüllte Schöpfkrug wird aufs Wasser
  gelegt: Er hat Wasser innen und Wasser außen.
ES soll bei keinem Namen genannt werden; Es
  möchte sonst den Irrtum des Dualismus
  hervorrufen.
Kabīr sagt: «Höre im Wort die Wahrheit, die dein
  Wesentlichstes ist. ER spricht das Wort aus für
  Sich selber; und Er Selber ist der Schöpfer.»

Oh Sadhu! – Die einfachste Vereinigung ist die beste.
Seit dem Tag, an dem ich meinem Herrn begegnete,
war kein Ende des Spiels unserer Liebe.
Ich verschließe nicht meine Augen; – ich ver-
schließe nicht meine Ohren, ich kasteie nicht
meinen Körper; –
Ich schaue mit offenen Augen und lächle, und
erschaue Seine Schönheit all-überall.
Ich spreche Seinen Namen aus, und was immer ich
sehe, erinnert mich an Ihn. – Was immer ich
tue, wird zu Seiner Verehrung.
Aufgehen und Untergehen sind für mich Eins:
Aufgelöst sind alle Widersprüche.
Wohin ich auch gehe, ich gehe in Ihm.
Was immer ich vollende, ist Dienst an Ihm; –
Lege ich mich nieder, so liege ich ausgestreckt zu
seinen Füßen.

Er ist der einzige Anbetungswürdige für mich:
Keinen Anderen habe ich.
Meine Zunge hat verlassen alle unreinen Worte;
sie singt Seine Glorie, Tag und Nacht:
Ob ich mich erhebe oder niederlege: Nie kann ich
Ihn vergessen; denn der Rhythmus Seiner Musik
schwingt in meinen Ohren.
Kabīr sagt: «Mein Herz ist aufgewühlt, und in
meiner Seele eröffne ich, was verborgen ist. –
Ich bin getaucht in jene übergroße Glückselig-
keit, die alles Wohlbehagen und allen Schmerz
übersteigt.

An den heiligen Badeplätzen ist nichts als Wasser;
und ich weiß, daß sie nutzlos sind, denn ich
habe da gebadet.
Alle Bildnisse sind ohne Leben; sie können nicht
sprechen: Ich weiß es, denn ich rief sie an mit
lauter Stimme.
Die Puranas[30] und der Qurān sind nichts als Worte:

(→→)

Indem ich den Vorhang lüftete, habe ich gesehen.
Kabīr gibt Ausdruck den Worten der Erfahrung,
    und er weiß sehr gut, daß alles Andere
    Scheinwahrheiten sind.

Ich lache, wenn ich höre, ein Fisch im Wasser sei
    durstig:
Du siehst nicht, daß das Wirkliche in deinem
    Zuhause ist? Und du wanderst lustlos von Wald
    zu Wald!
Hier ist die Wahrheit! – Geh wohin du willst: nach
    Benares oder Mathuta: Findest du nicht deine
    Seele, ist die Welt unwirklich für dich.

Das Geheime Banner ist aufgepflanzt im Tempel
    des Himmels; – dort ist ausgebreitet der blaue
    Baldachin, geschmückt mit dem Mond und
    besetzt mit glänzenden Juwelen,
Dort scheint das Licht der Sonne und des Monds:
    Bring dein Gemüt zur Stille angesichts dieser
    Schönheit!
Kabīr sagt: «Wer von diesem Nektar getrunken
    hat, der wandert herum wie Einer, der
    wahnsinnig ist.»

Ich habe meinen ruhelosen Geist zum Stillsein
gebracht; und mein Herz erstrahlt weit.
Denn im So-sein hat meine Schau das So-sein
überstiegen; und in der Gemeinschaft habe ich
im Freund den Einen Freund selber gesehen.
In Bindungen lebend habe ich mich selber frei
gelassen: Ich habe mich losgerissen von der
Umklammerung jeglicher Enge.
Kabīr sagt: «Ich habe erreicht das Unerreichbare,
und mein Herz ist eingefärbt in der Farbe der
Liebe.»

Es gibt einen merkwürdigen Baum: Er steht da
ohne Wurzeln und trägt Früchte, ohne zu
blühen:
Er hat weder Äste noch Blätter; – er ist Lotos, um
und um.
Zwei Vögel singen darauf: Der eine ist der Guru; –
der Andere ist der Jünger:
Der Jünger wählt die mannigfachen Früchte des
Lebens und kostet sie; und der Guru schaut auf
ihn mit Freude.
Was Kabīr sagt, ist schwer zu verstehen: «Der
Vogel ist jenseits allen Suchens; doch er ist
ganz deutlich sichtbar. Das Gestaltlose ist
inmitten aller Formen. – Ich singe den Ruhm
aller Formen.»

Das welches du siehst, ist nicht; und für Es
welches ist, hast du keine Worte.
Bis du nicht gesehen hast, glaubst du nicht: Was
man dir sagt, kannst du nicht annehmen.
Er, der Unterscheidungsvermögen besitzt, erkennt
durchs Wort; und der Unwissende steht mit
offenem Mund.
Die einen betrachten das Gestaltlose, die Anderen
die Form; – aber der Weise weiß, daß Brahma
beides übersteigt.
Diese Seine Schönheit wird nicht gesehen durchs
Auge; – jenes Sein Versmaß wird nicht gehört
durchs Ohr.
Kabīr sagt: «Er, der Beides gefunden hat: Liebe
und Verzicht, steigt niemals zum Totenreich
hinab.»

Die Flöte der Unendlichkeit wird gespielt ohne
Unterlaß; und ihr Ton ist Liebe.
Wenn Liebe auf alle Grenzen verzichtet, erreicht
sie Wahrheit.
Weithin breitet sich aus der Duft! Er ist unbegrenzt,
und nichts steht ihm im Wege.
Die Gestalt dieser Melodie strahlt hell wie eine
Million Sonnen: Unvergleichbar ertönt die
Vina; – die Vina der Klänge der Wahrheit.[31]

Lieber Freund: Ich bin begierig, meinem Geliebten
entgegen zu gehen! Meine Jugend ist verblüht,
und der Schmerz der Trennung von Ihm
bedrängt meine Brust.
Noch wandere ich durch die Alleen der Kenntnis
ohne ein Ziel; doch habe ich Seine Botschaft
erhalten in diesen Wandelgängen der Kenntnis.
Ich habe einen Brief von meinem Geliebten: In
diesem Brief steht eine unaussprechliche
Botschaft; und nun ist meine Furcht vor dem
Tode dahin.
Kabīr sagt: «Oh mein liebender Freund! Ich erhielt
zum Geschenk den Einen Tod-losen.»

Bin ich getrennt von meinem Geliebten, ist mein
Herz erfüllt von Erbärmlichkeit: Keinen Trost
habe ich dann bei Tage; keinen Schlaf habe ich
in der Nacht. Wem soll ich meinen Kummer
klagen?
Die Nacht ist finster; die Stunden gleiten dahin. Da
mein Geliebter nicht da ist, schrecke ich auf,
zitternd vor Furcht.
Kabīr sagt: «Hör zu, mein Freund! Keine
Befriedigung gibt es, außer der Vereinigung mit
dem Geliebten.»

Was ist diese Flöte, deren Musik mich freudig
  erschauern läßt?
Die Flamme brennt ohne Laterne;
Der Lotos blüht ohne Wurzel;
Blumen erblühen in Büscheln;
Der Mondvogel huldigt dem Mond:
Von ganzem Herzen ersehnt der Regenvogel das
  Rieseln des Regens;
Aber auf wessen Liebe konzentriert der Liebende
  sein ganzes Leben?

Der ist der wahre Sadhu, der die Form des
  Gestaltlosen offenbar machen kann in der
  Schau jener Augen; –
Er, der lehrt den einfachen Weg Ihn zu erreichen,
  der anders ist als Riten und Zeremonien; –
Er, der dich nicht heißt, die Türen zu verschließen,
  den Atem anzuhalten und der Welt zu entsagen; –
Er, der dich zur Wahrnehmung führt des
  allerhöchsten Geists, woran auch immer das
  Gemüt sich hängt;
Er, der dich lehrt, still zu sein inmitten aller
  Aktivitäten.
Stetsfort getaucht in Seligkeit, ohne irgendeine
  Furcht in seinem Gemüt, bleibt er im Geist der
  Vereinigung, inmitten aller Vergnügen.

Die unbegrenzte Wohnung des Unbegrenzten
  Wesens ist überall: in der Erde, im Wasser, im
  Himmel und in der Luft.
Fest wie der Blitzstrahl ist der Sitz des Suchers
  errichtet über der Leere.
Er, der im Innen ist, ist im Außen: Ich sehe Ihn und
  keinen Andern.

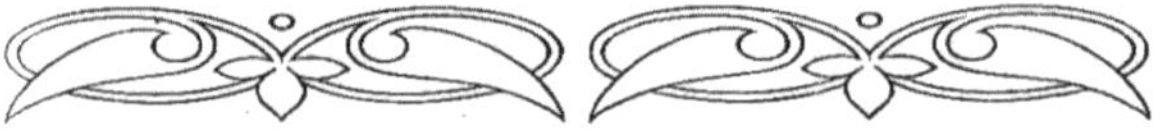

Hast du nicht gehört jene Weise, welche die
    Ungespielte Musik spielt?
In der Mitte der Kammer erklingt sanft die Harfe
    der Freude; – und wo ist die Notwendigkeit,
    hinaus zu gehen, um sie zu hören?
Wenn du noch nie getrunken hast vom Nektar
    jener Einen Liebe: was bringt es dann, daß du
    dich reinigst von allen Flecken?
Der Kazi sucht nach Worten des Qurān und belehrt
    die Andern; doch wenn sein Herz nicht
    eingetaucht ist in jene Liebe, was bringt es
    dann, daß er ein Menschenlehrer ist?
Der Yogi färbt seine Kleider rot; doch wenn er
    nichts weiß von jener Farbe der Liebe: Was
    macht es dann aus, daß er seine Kleider färbt?
Kabīr sagt: «Ob ich im Tempel bin oder auf dem
    Balkon; im Heerlager oder im Blumengarten:
    Wahrlich, ich sage dir, daß in jedem Augenblick
    mein Herr Seine Freude an mir hat.»

Empfange das WORT, dem das Universum
    entspringt!
Jenes Wort ist der Guru: Ich habe es gehört und bin
    Sein Jünger geworden.
Wie Viele gibt es, die die Bedeutung dieses Wortes
    kennen?

Oh Sadhu! – übe dieses Wort im Tun!
Die Veden und die Puranas verkünden es; –
die Welt ist errichtet in ihm; –
die Rishis und die Gläubigen sprechen davon; –

Doch Niemand kennt das Mysterium dieses WORTS.
Der Hausvater verläßt sein Zuhause, wenn er es
hört; –
Der Asket kehrt zur Liebe zurück, wenn er es hört; –
Die sechs Philosophen legen es aus; –
Der Geist des Verzichtens weist hin auf dieses
Wort; –
Aus diesem Wort ist die Welt-Gestalt entsprungen; –
Dieses Wort erneuert alles.

Kabīr sagt: «Wer aber weiß, woher dieses WORT
kommt?»

Voller Feinheiten ist der Pfad der Liebe!
Auf ihm gilt kein Fragen und kein Nicht-fragen;
Dort verliert man sein Selbst zu Seinen Füßen;
Dort wird man eingetaucht in die Freude des
Suchenden; – untergetaucht in den Tiefen der
Liebe wie der Fisch im Wasser.
Der Liebende ist nie langsam im Hingeben seines
Haupts zum Dienst für seinen Herrn.
Kabīr lehrt das Geheimnis dieser Liebe.

Leere den Kelch! – Oh, sei trunken! – Trink den
göttlichen Nektar Seines Namens!
Kabīr sagt: «Höre auf mich, lieber Sadhu!
Von den Fußsohlen bis hinauf zum Scheitel ist
dieses Gemüt erfüllt von Gift.»

Wer hat jemals die Witwe gelehrt, sich auf dem
Holzstoß ihres Gatten zu verbrennen?
Und wer hat je die Liebe gelehrt, Seligkeit zu
finden in der Entsagung?

Oh Bruder! – Als ich vergesslich war, zeigte mein
wahrer Guru mir den Weg.
Da ließ ich hinter mir alle Riten und alle
Zeremonien; – ich badete nicht mehr in heiligen
Wassern:
Da erfuhr ich, daß ich allein es war, der verrückt
war;– daß die ganze Welt neben mir gesund war,
und daß ich all diese weisen Leute gestört hatte.

Von diesem Zeitpunkt an wußte ich nicht mehr,
wie man sich im Staub wälzt in Ergebenheit; –
Ich läute nicht die Tempelglocke; –
Ich setze nicht das Idol auf seinen Thron;
Ich ehre nicht sein Bild mit Blumen.

Nicht die strenge Enthaltsamkeit, die das Fleisch
ertötet, ist es, die den Herrn erfreut:
Wenn du deine Kleider abwirfst und deine Sinne
erstickst, dann gefällst du dem Herren nicht.
Er aber, der sanft ist und Rechtschaffenheit übt;
der teilnahmslos bleibt inmitten dieser
geschäftigen Welt; – er, der alle Geschöpfe der
Erde als sein eigenes Selbst betrachtet; –
Er erreicht das Unsterbliche Wesen; und der wahre
Gott ist stets mit ihm.
Kabīr sagt: «Der erreicht den wahren Namen,
dessen Worte wahr sind, und der frei ist von
Stolz und Eingebildetheit.»

Wenn endlich du gelangt sein wirst zum Ozean
 des Glücks: geh nicht durstig zurück:
Wach auf, närrischer Mensch! – denn der Tod
 stolziert hinter dir. Vor dir ist frisches Wasser:
 trink davon in jedem Atemzug!
Folge nicht vorbeigehenden Spiegelungen; aber
 dürste nach dem Nektar!
Dhrurva, Prahlad und Shukadeva haben davon
 gerunken; und auch Raidas hat ihn gekostet:
Die Heiligen sind trunken von Liebe; – ihr Durst
 gilt der Liebe.
Kabīr sagt: «Höre auf mich, Bruder! – Das Nest
 der Furcht ist zerstört.
Nicht für einen Augenblick hast du die Welt von
 Angesicht zu Angesicht gesehen.
Du webst deine Bande der Falschheit; deine Worte
 sind voller Täuschung:
Mit dem Herrn der Begierden, den du auf deinem
 Haupte trägst, wie kannst du da Licht sein?»
Kabīr sagt: Bewahre in dir Wahrheit, Losgelöstheit
 und Liebe!»

Der Geschmack des Wanderns im Ozean todlosen
 Lebens hat mich von allem Fragen befreit:
So wie der Baum im Samen ist; so sind alle
 Krankheiten in diesem Fragen.

Warum so ungeduldig, mein Herz? – Er, Der
wacht über Vögeln, Tieren und Insekten,
Er, Der für dich sorgte, als du noch warst in deiner
Mutter Schoß,
Wie sollte Er nicht für dich sorgen jetzt, da du
daraus hervorgekommen bist?
Oh, mein Herz, wie konntest du dich abwenden
vom Lächeln deines Herrn, wie fortwandern so
fern von Ihm?
Du hast deinen Geliebten verlassen und gedenkst
Anderer; – und das ist es, weshalb all dein Tun
eitel ist und umsonst.

Oh Mensch, wenn du nicht kennst deinen eigenen
Herrn, worauf bist du dann so stolz?
Leg deine Schlauheit beiseite; Worte allein werden
niemals dich mit Ihm vereinen.
Täusche dich nicht selber mit dem Zeugnis der
Schriften:
Liebe ist etwas ganz Anderes als dies; und wer
immer sie wahrlich suchte, hat sie gefunden.

Wie schwer es doch ist, meinem Herrn zu
begegnen! Der Regenvogel schreit auf in
seinem Durst nach Regen: Beinahe stirbt er an
seinem Verlangen; und doch würde er kein
anderes Wasser trinken als den Regen.
Angezogen durch seine Liebe zur Musik, geht das
Reh vorwärts: Es stirbt, indem es der Musik
lauscht; aber es schaudert nicht in Todesangst.
Das verwitwete Weib sitzt neben dem Körper ihres
toten Gemahls: Sie hat keine Angst vor dem
Feuer.
Wirf weg alle Furcht für diesen armen Körper!

Ich weiß nicht, welche Art Gott der meinige ist.

Der Mullah schreit laut zu Ihm – wozu? Ist dein Herr taub? Die feinen Fußringe, die klingeln an den Füßen eines Insekts, wenn es sich bewegt, werden von Ihm gehört.

Zähl deine Perlen, bemal deine Stirne mit dem Zeichen deines Gotts, und trag verfilzte Locken – lang und weithin sichtbar: Aber in deinem Herzen ist eine tödliche Waffe – und wie sollst du so Gott empfangen?

Der Yogi färbt sein Gewand, anstatt sein Gemüt zu färben in den Farben der Liebe.

Er sitzt im Tempel des Herrn, Brahma verlassend, um einen Stein zu verehren.

Er sticht Löcher in seine Ohren, hat einen riesigen Bart und verfilzte Locken; – er sieht einer Ziege ähnlich.

Er geht hinaus in die Wildnis, erstickt all seine Begierden und macht sich selber zum Eunuchen; –

Er rasiert sein Haupt und färbt seine Kleider; – er liest die Gita und wird ein mächtiger Redner.

Kabīr sagt: «Du gehst nach den Pforten des Todes, gebunden an Händen und Füßen!»

Er der sanftmütig ist und genügsam; er, der eine
ausgeglichene Schau hat, und dessen Gemüt
erfüllt ist von der Fülle von Ergebenheit und
Ruhe; –
Er, der Ihn gesehen und Ihn berührt hat: Er ist
befreit von aller Furcht und aller Wirrnis .
Ihm ist der ständige Gedanke an Gott wie die auf
den Leib gestrichene Sandelholz-Paste: Nichts
Anderes bereitet ihm Wonne.
Seine Arbeit und seine Ruhe sind erfüllt von
Musik; – weit um sich wirft er die Strahlen der
Liebe.
Kabīr sagt: «Berühre die Füße von Ihm, der Eins
und unteilbar ist, unveränderlich und friedvoll;
– Er, Der alle Gefäße füllt mit Freude bis zum
Rand, und Dessen Gestalt Liebe ist.»

Wäre Gott in der Moschee – wem gehörte dann
diese Welt?
Wäre Ram selber in jenem Bild, das du auf deiner
Pilgerschaft siehst: wer sollte dann da sein, zu
wissen, was außerhalb geschieht?
Hari ist im Osten, Allah im Westen. Schau in dein
Herz; denn dort wirst du finden so Kerīm wie
Ram:
All die Männer und Frauen der Welt sind Seine
lebendigen Gestalten.
Kabīr ist das Kind von Allah und von Ram. –
ER ist mein Guru; – ER ist mein Pir. [32]

Ich höre die Melodie Seiner Flöte, und ich kann
mich nicht beherrschen:
Die Blume blüht, obschon es nicht Frühling ist;
und schon hat die Biene ihre Einladung
erhalten.
Der Himmel erdröhnt und der Blitz leuchtet auf; –
die Wellen wogen auf in meinem Herzen; –
Der Regen fällt, und mein Herz sehnt sich nach
meinem Herrn.
Wo der Rhythmus der Welt steigt und fällt, da ist
mein Herz angekommen.
Dort flattern die geheimen Banner in der Luft.
Kabīr sagt: «Mein Herz liegt im Sterben, obgleich
es lebt.»

Geh du zur Gesellschaft der Guten, wo der
Geliebte seine Wohnstatt hat. Nimm alle deine
Gedanken und Liebe und Anweisungen von
dort.
Laß jene Versammlung zu Asche verbrannt werden,
wo Sein Name nicht genannt wird!
Sag mir doch: wie könntest du ein Hochzeitsfest
feiern, wenn der Bräutigam selber nicht
anwesend ist?
Schwank nicht mehr hin und her; – denk nur an
den Geliebten.
Richte dein Herz nicht auf die Verehrung anderer
Götter:
Ohne Wert ist die Verehrung anderer Meister.
Kabīr erwägt es und sagt: «Sonst wirst du niemals
den Geliebten finden!

Das Juwel liegt verloren im Schlamm, und Alle
suchen danach. –
Die Einen suchen es im Osten; Andere im Westen;
die Einen mitten im Wasser; Andere zwischen
den Steinen.
Der Diener Kabīr jedoch hat es zu seinem wahren
Wert eingeschätzt, und hat es sorgsam
eingewickelt in den Saum des Mantels seines
Herzens.

Öffne die Augen deiner Liebe, und schau Ihn, der
diese Welt durchzieht! Betrachte es wohl und
wisse, daß dieses dein eigenes Land ist!
Wenn du dem wahren Guru begegnen wirst, wird
Er dein Herz erwecken; –
Er wird dich das Geheimnis von Liebe und
Loslösung lehren; und dann wirst du wahrlich
wissen, daß Er dieses Universum übersteigt.
Diese Welt ist die Stadt der Wahrheit: Ihr Labyrinth
von Wegen bezaubert das Herz:
Wir können das Ziel erreichen, ohne die Straße zu
überqueren; so ist das Spiel ohne Ende.
Wo der Schall mannigfacher Freuden ständig um
IHN herumtanzt, da ist die Freude ewiger
Seligkeit.
Wenn wir dies wissen, dann ist es vorbei mit all
unserm Behalten und Verzichten; –
Von da an wird uns die Hitze des Habens nicht
weiter versengen.

Die Sänfte kam, mich wegzutragen zu meines
Bräutigams Heim; und mein Herz durchfuhr ein
Freuden-Schauer.
Aber die Träger brachten mich in den einsamen
    Wald, wo ich niemanden habe, der zu mir
    gehört.
Oh Träger, ich beschwöre euch bei euren Füßen:
    Wartet doch nur noch einen Augenblick: laßt
    mich zurückgehen zu meinen Verwandten und
    meinen Freunden, um Abschied von ihnen zu
    nehmen!
Der Sklave Kabīr sagt: «Oh Sadhu! – Beende dein
    Kaufen und Verkaufen; – gib auf dein Gut und
    Böse; denn es gibt weder Märkte noch Läden in
    jenem Land, wohin du gehst!»

Oh, mein Herz! – Du hast nicht alle Geheimnisse
    erkannt dieser Stadt der Liebe: In Unwissenheit
    kamst du her – und in Unwissenheit kehrst du
    heim.
Oh mein Freund: Was hast du aus deinem Leben
    gemacht? Du hast die Last von schweren
    Steinen auf deinen Kopf genommen; – und wer
    soll sie leichter machen für dich?
Dein Liebster steht auf dem anderen Ufer – aber du
    erwägst nie in deinem Gemüt, wie du dich mit
    ihm treffen könntest:
Das Boot ist leck, – dennoch sitzt du ständig auf
    der Ruderbank; und sinnlos schlagen darum die
    Wellen an dich.
Der Diener Kabīr bittet dich, zu bedenken: Wer ist
    es, der am Letzten dein Freund sein wird?
Du bist allein; du hast keinen Kameraden; du wirst
    erleiden die Wirkungen deiner eigenen Taten.

Oh mein Herz! laß uns gehen in jenes Land, wo
    der Geliebte wohnt – der Entführer meines
    Herzens!
Dort füllt die Liebe ihren Schöpfkrug aus der
    Quelle; doch hat sie kein Seil, um Wasser
    herauf zu ziehen; –
Dort bedecken keine Wolken den Himmel; und
    doch fällt der Regen in sanften Schauern:
Oh du Körperloser! bleib nicht auf deiner
    Türschwelle sitzen; geh hinaus und bade dich in
    jenem Regen!
Dort scheint ewig Mondlicht, und nie ist es finster;
    – und wer spricht von einer einzigen Sonne?
    Jenes Land wird erleuchtet von den Strahlen
    von Millionen Sonnen!

Die Veden sagen, das Bedingungslose stehe höher
    als die Welt des Bedingten.
Oh Weib, was hast du davon, zu disputieren, ob Er
    höher als Alles, oder *in* Allem ist?
Sieh du Alles als deine eigene Wohnstatt an: der
    Nebel von Wohlgefühl und Schmerz kann sich
    dort niemals ausbreiten.
Dort wird Brahma entschleiert Tag und Nacht:
    Dort ist Licht sein Gewand; – Licht ist sein
    Thron; – Licht ruht auf deinem Haupt.
Kabīr sagt: «Der Meister, der treu und wahr ist, Er
    ist ganz Licht.»

ER ist die endgültige Rast ohne Grenzen;
ER hat Seine Form der Liebe ausgebreitet über die
    ganze Welt.
Aus jenem Strahl, der Die Wahrheit ist, entspringen
    endlose Ströme neuer Formen; – und ER
    durchdringt all diese Formen.
Alle Gärten und Haine und Lauben fließen über vor
    Blütenpracht;
und die Luft bricht aus in Schauer der Freude.
Da spielt der Schwan ein wunderbares Spiel; –
Da umwirbelt die ungespielte Musik den
    Unendlichen Einen; –
Da erstrahlt in der Mitte der Thron des Nie-
    erfaßten, worauf das Große Wesen sitzt.

Millionen von Sonnen werden beschämt durch den
    Glanz eines einzigen Haars Seines Körpers.
Auf der Harfe des Wegs – welch wahre Melodien
    werden da gespielt! – Und ihre Töne
    durchbohren das Herz!
Dort spielt der Ewige Brunnen Seine endlosen
    Lebensströme von Geburt und Sterben.
Sie nennen Ihn die Leere, Der die Wahrheit der
    Wahrheiten ist, und in Dem alle Wahrheiten
    aufbewahrt sind!

Dort, in Ihm, schreitet die Schöpfung fort, die
    höher steht als alle Philosophie; denn Philosophie
    kann Ihn nicht erreichen:
Da ist eine endlose Welt, oh mein Bruder! – Und
    dort ist das Namenlose Wesen, worüber nichts
    gesagt werden kann.
Nur Der kennt Es, der jene Region erreicht hat: Es
    ist anders als Alles, was gehört und gesagt
    werden kann.
Keine Gestalt, kein Körper, keine Länge noch Breite
    wird da gesehen: Wie kann ich dir da sagen,
    was Es ist?

Der nur kommt zum Pfad der Unendlichkeit, auf
   den die Gnade des Herrn niedersteigt: Der ist
   befrei von Geburten und Toden, der Ihn
   erreicht.
Kabīr sagt: «Man kann es nicht nennen mit Worten
   des Mundes; man kann es nicht schreiben auf
   Papier.
Das ist wie wenn ein stummer Mensch etwas
   Süßes kostet: Wie soll Einer es da erklären?

Ich bin weder fromm noch gottlos; –
ich lebe weder nach dem Gesetz noch nach meinen
   Sinnen; –
ich bin weder ein Redner noch ein Zuhörer; –
ich bin weder ein Sklave noch ein Meister; –
ich bin weder gefesselt, noch bin ich frei; –
Ich bin weder losgelassen noch verbunden; –
ich bin Keinem fern und bin Keinem nah; –
Ich werde weder zum Himmel gehen, noch zur
   Hölle; –
Ich tue alle Werke und bin doch außerhalb
   jeglichen Werks.
Wenige nur verstehen was ich meine; – er, der es
   verstehen kann, sitzt unbewegt.
Kabīr sucht weder zu errichten noch zu zerstören.

Kabīr sagt: «Oh Sadhu! – hör meine tod-losen
Worte: Willst du dein Heil erlangen, so prüfe
und bedenke sie gut!
Du hast dich entfremdet vom Schöpfer, dem du
entsprungen; – du hast verloren deine Vernunft;
– du hast Tod erkauft.
Alle Lehren und Anweisungen sind entsprungen
Ihm; – aus Ihm wachsen sie: Wisse dies mit
Sicherheit, und sei ohne Furcht.
Höre durch mich die Nachricht von dieser großen
Wahrheit!
Wessen Namen singst du, und über wen meditierst
du? Ach komm doch hervor aus diesem
Dickicht!
ER wohnt im Herzen aller Dinge; – wozu also
Zuflucht suchen in leerer Trostlosigkeit?

Wenn du dir den Guru weit weit voraus denkst,
dann ist es nur dieser Abstand, den du verehrst:
Wenn nämlich wirklich der Meister so weit weg
wäre, welcher Andere ist es dann, der diese
Welt erschafft?
Denkst du, er sei nicht hier, dann irrst du weiter
und weiter weg, und suchst Ihn umsonst und in
Tränen.
Wo er weit weg ist, da ist er unerreichbar; – wo Er
nah ist, ist Er wahres Entzücken.

Kabīr sagt: «Damit Sein Diener keine Schmerzen
erleidet, durchdringt Er ihn durch und durch.»
Kenne dich selbst also, oh Kabīr; denn Er ist in dir,
von Kopf bis Fuß!
Singe mit Freudigkeit, und bewahre deinen Sitz
unbewegt in deinem Herzen.

Die Harfe läßt leise rauschende Musik ertönen;
und der Tanz geht weiter, ohne Hände noch
Füße.
Sie wird gespielt ohne Finger, gehört ohne Ohren:
denn Er ist das Ohr – und Er ist der Hörer.
Das Tor ist verschlossen, doch drinnen ist der Duft;
und dort wird die Begegnung von Niemandem
gesehen.
Der Weise wird das verstehen.

Der wahre Name ist wie kein anderer
Name!
Die Unterscheidung des Bedingten vom
Bedingungslosen ist bloß ein Wort:
Das Bedingungslose ist der Same; – das
Bedingte sind die Blüten und die
Früchte.
Kenntnis ist der Zweig, und der Name ist
die Wurzel.
Schau und sieh wo die Wurzel ist: Dein
wird das Glück sein, wenn du zur
Wurzel kommst.
Die Wurzel wird dich zum Zweige führen;
zum Blatt zur Blüte und zur Frucht:
Das ist die Begegnung mit dem Herrn; –
das ist das Erreichen der Glückselig-
keit; – das ist die Befriedung von
Bedingtem und Bedingungslosem.

Im Anfang war Er allein, genügend Sich Selber:
das Gestaltlose, farblose, bedingungslose
Dasein.
Damals gab es weder Anfang noch Mitte noch
Ende; –
Da waren weder Augen, noch Finsternis noch
Licht; –
Da war kein Boden, noch Luft noch Himmel; –
kein Feuer, noch Wasser noch Erde. – Kein Fluß
war da wie der Ganges oder die Yumna; – keine
Seen, kein Ozean und keine Wellen.
Da war weder Laster noch Tugend damals; – keine
Schriften gab es, wie die Veden und die
Puranas – noch den Qurān.
Kabīr sinnt und grübelt in seinem Geist und sagt:
«Da war keine Aktivität damals: das
Allerhöchste Wesen blieb getaucht in die
unbekannten Tiefen Seines eigenen Selbst.»

Der Guru ißt noch trinkt nicht; – weder lebt er,
noch stirbt er:
Weder hat er Form, Gestalt und Farbe, noch ein
Gewand.
Er, der weder Kaste hat, noch Clan, noch sonst
etwas – wie kann ich seine Herrlichkeit
beschreiben?

Er hat weder Form noch Formlosigkeit; –
Er hat keinen Namen.
Er hat weder Farbe noch Farblosigkeit; –
Er hat keine Wohnung.
Kabīr sinnt und grübelt in seinem Gemüt und sagt:
«Er, der weder Kaste hat noch Heimat; er der
formlos ist und ohne Eigenschaften; er erfüllt
allen Raum.»

Der Schöpfer brachte ins Dasein das Spiel der
Freude; und aus dem Wort AMEN entsprang die
Schöpfung.

Die Erde ist Seine Freude; – Seine Freude ist der
    Himmel; –
Seine Freude ist das Blitzen der Sonne und des
    Monds; –
Seine Freude ist der Anfang, die Mitte und das
    Ende; –
Seine Freude sind Augen, Finsternis und Licht,
Ozeane und Wellen sind Seine Freude; – Seine
    Freude sind die Saraswati, die Yumna und der
    Ganges.

Der Guru ist Eins; – und Leben und Sterben,
    Vereinigung und Trennung sind alle Seine
    Spiele der Freude!
Sein Spiel sind Erde und Himmel!
Im Spiel wurde das Universum ausgebreitet; – im
    Spiel ist es errichtet. – Die ganze Welt, sagt
    Kabīr, bleibt in Seinem Spiel; und doch bleibt
    der Spieler noch immer unbekannt.

Der Bettler geht um und bettelt; aber ich konnte
    ihn keinen Augenblick lang sehen.
Und was soll ich erbetteln vom Bettler? – Er gibt
    ohne mein Bitten.
Kabīr sagt: «Ich bin Sein Eigentum – nun laß dem
    zustoßen, was ihm zustoßen soll!»

Zu wem soll ich gehen, um etwas zu erfahren über
    meinen Geliebten?
Kabīr sagt: «So wie du niemals den Wald finden
    magst, wenn du den Baum nicht kennst, so mag
    ER nie gefunden werden in der Abstraktion.»

Ich habe das Sanskrit gelernt; – laß also alle
Menschen mich weise nennen. – Doch was ist
der Nutzen daraus, wenn ich dahin treibe,
hierhin und dorthin, als ein Verdurstender,
brennend in der Hitze der Begierde?
Sinn- und zwecklos trägst du auf deinem Haupt
diese Bürde von Stolz und Eitelkeit.
Kabīr sagt: «Leg sie nieder in den Staub, und geh
hin, dem Geliebten entgegen; – sprich Ihn an als
deinen Herrn!»

Wie wundersam ist diese Leier gebaut! Werden
ihre Saiten auf die rechte Weise berührt, wird
das Herz wahnsinnig; – doch wenn ihre Wirbel
zerbrochen und die Saiten schlaff geworden
sind, beachtet sie niemand mehr.

Die Frau, die von ihrem Liebhaber getrennt ist,
spinnt am Spinnrad.
Die Stadt des Leibs erhebt sich in Schönheit; und
in ihrem Innern wurde der Palast des Gemüts
erbaut.
Das Rad der Liebe dreht sich im Himmel, und der
Sitz ist gemacht von Juwelen der Kenntnis:
Welch feine Fäden webt diese Frau, indem sie sie
wertvoll macht mit Liebe und Ehrerbietung!
Kabīr sagt: «Ich webe die Guirlande von Tag und
Nacht. Wenn mein Liebhaber kommt und mich
berührt mit Seinem Fuß, will ich Ihm meine
Tränen opfern.»

Mein Herz schreit laut nach dem Haus meines
Liebhabers: die offene Straße und der Schutz
eines Dachs sind dasselbe für Sie, die die Stadt
ihres Gatten verloren hat.
Mein Herz findet keine Freude, in was es auch sei:
Mein Gemüt und mein Leib sind zerstreut.
Sein Palst hat eine Million von Toren; doch da ist
ein weiter Ozean zwischen Ihm und mir:
Wie soll ich ihn überqueren, oh Freund? – denn
endlos ist die Ausdehnung des Wegs.

Ich erkläre meinen Eltern mit Lachen,
daß ich am Morgen zu meinem
Herrn gehen muß.
Sie sind zornig, weil sie nicht wollen,
daß ich gehe; und sie sagen: «Sie
glaubt, sie hat solche Herrschaft
erlangt über ihren Gatten, daß sie
von ihm haben kann, was immer sie
will; darum wünscht sie so sehr, zu
ihm zu gehen.»
Lieber Freund, hebe leicht meinen
Schleier nun; denn dies ist die
Nacht der Liebe.
Kabīr sagt: «Höre mich an! Mein Herz
ist begierig, meinem Liebhaber zu
begegnen: Schlaflos liege ich auf
meinem Bett. Denk an mich früh
am Morgen!»

Diene deinem Gott, der in diesen Tempel des
    Lebens gekommen ist!
Spiel nicht die Rolle eines Verrückten, denn die
    Nacht wird sehr schnell dichter.
Er hat auf mich gewartet während zahllosen
    Menschenaltern; – aus Liebe zu mir hat er
    verloren sein Herz:
Ich aber erkannte nicht das Glück, das mir so nahe
    war, denn noch war meine Liebe nicht erwacht.
Nun aber hat mir mein Liebhaber die Bedeutung
    des Tons, der an mein Ohr schlug, bekannt
    gemacht; –
Nun ist mein Glück gekommen!
Kabīr sagt: «Oh, sieh! –Wie groß ist mein Glück!
    Ich habe empfangen die nie endende Fürsorge
    meines Geliebten!

Wolken verdunkeln den Himmel! – Oh, horche
    nach der tiefen Stimme ihres Dröhnens; –
Der Regen kommt aus dem Westen, mit seinem
    eintönigen Gemurmel.
Trag Sorge zu den Gittern und Grenzsteinen deiner
    Felder, damit der Regen sie nicht über-
    schwemmt; –
Bereite den Boden zur Erlösung und laß die
    Ranken von Liebe und Verzicht durchtränkt
    werden in diesem Schauer.
Das ist der kluge Bauer, der seine Ernte heim
    bringt; – er wird beide seine Gefäße füllen und
    beide nähren: die weisen Männer und die
    Heiligen.

Dieser Tag ist mir lieb über allen anderen Tage,
denn heute ist der geliebte Herr in meinem
Haus zu Gast.
Mein Zimmer und mein Hof sind prächtig dank
Seiner Gegenwart.
Meine sehnsüchtigen Gedanken singen Seinen
Namen; und sie sind verlorengegangen in
Seiner großen Schönheit:
Ich wasche Seine Füße, und schaue in Sein
Gesicht; und ich lege vor Ihn als ein Opfer
meinen Leib, mein Gemüt und Alles was ich
habe.
Welch ein Tag der Freude ist dieser Tag, an dem
mein Geliebter, der mein Schatz ist, in mein
Haus kommt!
Alle Übel fliehen mein Herz, wenn ich meinen
Herrn sehe.
«Meine Liebe hat Ihn berührt; mein Herz sehnt
sich nach dem Namen, der die Wahrheit ist.»
So singt Kabīr, der Diener aller Diener.

Gibt es einen Weisen, der anhören wird jene
feierliche Musik, die aufsteigt im Himmel?
Denn Er, der Quell aller Musik füllt alle Gefäße bis
zum Rande und ruht selbst in der Fülle.
Derjenige, der im Körper ist, bleibt immer durstig;
denn er verfolgt, was Stückwerk ist.
Doch mehr und mehr quillt da hervor – tiefer und
tiefer – der Klang: «Er ist dieses – dieses ist
Er», verschmelzend Liebe und Verzicht in Eins.
Kabīr sagt: «Oh Bruder! das ist das ursprüngliche
Wort!

Unter dem großen Schirm meines Königs
erstrahlen Millionen von Sonnen und Monden
und Sternen!
Er ist das Gemüt in meinem Gemüt; – Er ist das
Auge in meinem Auge.
Ach! könnten doch mein Gemüt und meine Augen
Eins sein! – Könnte doch nur meine Liebe
meinen Geliebten erreichen! – Ach! würde doch
nur die feurige Hitze meines Herzens gekühlt!
Kabīr sagt: «Wenn du deine Liebe vereinst mit
dem Geliebten, dann bist du Vollkommen in der
Liebe.»

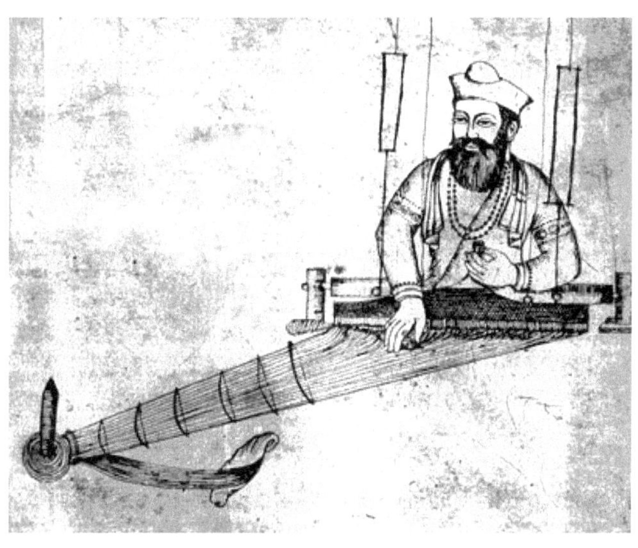

Eine Million von Sonnen ist entflammt mit Licht; –
Das Meer des Blaus verbreitet sich im Himmel; –
Das Fieber des Lebens ist gestillt, und alle Flecken
    sind weggewaschen, wenn ich sitze im
    Mittelpunkt jener Erde.

Lausche nach den unangeschlagenen Glocken und
    Trommeln! Such deine Wonne in der Liebe!
Regenschauer strömen nieder ohne Wasser; und die
    Flüsse sind Ströme von Licht.
Eine Liebe ist es, die die ganze Welt durchzieht; und
    Wenige sind es, die sie vollständig kennen:
Jene sind blind, die hoffen, sie im Lichte der
    Vernunft zu sehen – in jener Vernunft, die die
    Ursache ist aller Trennung. –
Das Haus der Vernunft ist weit, weit weg!

Wie gesegnet ist doch Kabīr, da er inmitten dieser
    großen Freude singt in seinem eignen Gefäß!
Es ist die Musik der Begegnung von Seele mit
    Seele; –
Es ist die Musik des Vergessens der Sorgen; –
Es ist die Musik die Alles übersteigt was
    hereinkommt und hinausgeht.

Der Monat März kommt näher – ach! Wer wird
    mich vereinen mit meinem Liebsten?
Wie soll ich Worte finden der Schönheit meines
    Geliebten? Denn Er ist verschmolzen mit jeder
    Schönheit.
Seine Farbe ist in allen Bildern der Welt, und sie
    verzaubert den Leib und auch das Gemüt.
Jene, die Es kennen, wissen, was dieses
    unaussprechliche Spiel des Frühlings ist.
Kabīr sagt: «Höre auf mich, Bruder! Nicht Viele
    gibt es, die Dieses herausgefunden haben!»

Ich kam mit meinem Herrn zu meines Herrn
  Wohnung; – doch lebte ich nicht mit Ihm und
  kostete Ihn nicht; – und meine Jugend
  entschwand wie ein Traum.
In meiner Hochzeitsnacht sangen meine
  Freundinnen im Chor, und ich wurde gesalbt mit
  den Ölen von Wohllust und Schmerz.
Doch als die Zeremonie vorüber war, verließ ich
  meinen Herrn und eilte davon, und meine
  Verwandten suchten mich zu trösten auf dem
  Weg.
Kabīr sagt: «Ich werde gehen in meines Herrn
  Wohnung, mit meiner Liebe an meiner Seite; –
  dann will ich die Trompete des Triumphs
  ertönen lassen!»

Oh Freund, mein liebes Herz, bedenk es wohl!
  Wenn du wirklich liebst, warum schläfst du
  dann?
Hast du Ihn gefunden, dann gib dich Ihm ganz, und
  nimm Ihn zu dir.
Warum verlierst du Ihn immer und immer wieder?
Wenn der tiefe Schlaf der Ruhe in deine Augen
  gekommen ist, wozu deine Zeit verlieren beim
  Bereiten des Betts und beim Ordnen der Kissen?
Kabīr sagt: «Ich lehre dich die Arten der Liebe! –
  Auch wenn selbst der Kopf hingegeben werden
  müßte: Warum solltest du darüber weinen?»

Häng auf die Schwingung der Liebe heute!
Häng den Körper und das Gemüt zwischen die
Arme des Geliebten, in der Extase der Liebes-
Freude:
Bring die tränenvollen Ströme der Regenwolken an
deine Augen; und bedecke dein Herz mit den
Schatten der Finsternis.
Bring dein Gesicht näher zu Seinem Ohr, und sprich
von den tiefsten Sehnsüchten deines Herzens.
Kabīr sagt: «Höre auf mich, Bruder! – Bring die
Vision des Geliebten in dein Herz!»

Oh Sadhu! mein Land ist ein sorgenfreies Land.
Laut rufe ich Allen zu: dem König wie dem Bettler,
dem Kaiser wie dem Fakir:
Wer immer nach Geborgenheit suchen mag im
Allerhöchsten – laß Alle kommen und Ruhe
finden in mein Land!
Laß den Müden kommen und sein Bündel ablegen
hier!

Leb also hier, mein Bruder, damit du mit
Leichtigkeit kannst überfahren zu jenem anderen
Ufer.
Das ist ein Land ohne Erde noch Himmel, ohne
Mond noch Sterne;
Denn allein die Strahlen der Wahrheit leuchten in
meines Herrn Durbar.
Kabīr sagt: «Oh geliebter Bruder! Nichts ist
wesentlich außer der Wahrheit.»

Oh Narad![33] – Ich weiß, daß mein Liebhaber nicht
    fern sein kann:
Wenn mein Liebhaber erwacht, erwache ich auch; –
    schläft er, so schlafe ich auch.
Der wird an der Wurzel zerstört, der meinem
    Geliebten Schmerzen bereitet.
Wenn Er geht, gehe ich vor Ihm her: Mein Herz
    seufzt nach meinem Geliebten.
Die unendliche Pilgerschaft liegt vor Seinen Füßen;
    – eine Million Ihm Ergebener haben sich dort
    niedergesetzt.
Kabīr sagt: «Der Liebende selbst offenbart die
    Glorie wahrer Liebe.»

Der Herr ist in mir – der Herr ist in dir, so wie das
Leben in jedem Samen ist. –
Oh Diener! Leg den falschen Stolz beiseite und
such nach IHM in Deinem Innern!

ANMERKUNGEN

[11] *Der Ausdruck Hamsa* erscheint in der indischen Mythologie – besonders im *Mahabharata* – als Waffenbruder von *Dimbhaka* und General von *Jarasandha* ; – dann auch als mythischer weißer Wasservogel: Der *Schwan,* der oft Saraswati begleitet, *(hamsa)* ist das Gefährt ihres Gemahls Brahma und wird daher ebenfalls mit Saraswati selber in Verbindung gebracht: Er symbolisiert wie sie Weisheit und Unterscheidungsvermögen.

Für den ganzen Orient scheint das *Hamsa in Hand-Form* für die *Zahl Fünf (hamsa)* und ihre respektiven Bedeutungen zu stehen: Im Hinduismus für die *fünf Elemente* (Erde, Wasser, Luft, Feuer, Äther), für die *fünf Meridiane* des menschlichen Körpers und für die *fünf unteren Chakren*, mit entsprechenden Mudras zur körperlichen Heilung: Der Ringfinger fürs Wurzel-Chakra (Erde; – Genitalien), der Kleine Finger fürs Sakral-Chakra (Wasser; – Abdominal- und Analregion), der Daumen fürs Bauch-Chakra (Element Feuer), der Zeigefinger fürs Herz-Chakra (Luft), der Mittelfinger fürs Hals-Chakra (Äther).

In der Theologie des Islam steht das *Hamsa in Hand-Form* für die fünf Pflichten des Gläubigen: *Schahada* (das islamische Glaubensbekenntnis), *Salāt* (die fünf Pflichtgebete während eines Tages), *Zakāt* (das Almosengeben), *Saum* (das Fasten im Ramadan) und der *Hadj* – das ist die Pilgerschaft nach Mekka.

Im Judentum wird das Hamsa in Form der ‹*Hand der Fatima*› nicht nur als jüdisch bezeichnet (die fünf Bücher der Thora), sondern geradezu als *israelisch* : Hier wird ein Symbol politisiert: das ist ein Höhepunkt der Unwissenheit – und ein Tiefpunkt im Mißbrauch von Symbolen.

In Wirklichkeit stammt das Hamsa in Form der Hand aus dem antiken *Phœnizien*, wo es als Schutz-Amulett in Bezug auf *Tannīt* galt – die phœnizische Muttergöttin, Göttin der Fruchtbarkeit und Schutzgöttin von Karthago: Das ist dieselbe Göttin wie *Astarte, Ishtar, Astaroth*, die *Isis* der Philister (*Phil-Ishtar*) im *chamitischen* Palästina. Hier fällt auf die Assonanz zwischen *Cham* und *Hamsa*.

Manche der ‹Hamsa› in Handform tragen in der Mitte ein *Auge* : das kommt vom *Drusentum* her: Gemäß H.P. Blavatsky (*Isis Unveiled,* II, 308 ff.) entspricht Gott sozusagen dem kabbalistischen *Ayn-Soph*, das sich nur durch seine Manifestationen (*Avatare* – siehe Anmerkung zum Wort *Avatar*) zu erkennen gibt. Deren letzter wird noch erwartet; sein Vorläufer hieß *Hamsa* und gilt als Personifikation der Universellen Weisheit (*Sophia*, bzw. *Chokmah*). – Strikte religionsphilosophisch betrachtet, handelt es sich beim *Hamsa* also um die jeweilige Incarnation (Avatar) des Universellen Christusgeists – des *Dat* am Baum der Sephiroth.

Tatsächlich lehren die *Drusen*: Die göttliche Seele (*Temeami*) war in *Elias* und *Johannes dem Täufer*; und die Seele von *Jesus* war jene des *Hamsa*, d.h. von derselben Reinheit und Erhabenheit.

Überdies gleicht das *Hamsa als Zeichen der Urdu-Schrift* dem *Ayin*, also kabbalistisch dem ‹*Auge*› des *Ayin Suph,* dem *Nabel der Welt* und dem *Urquell* alles Erschaffenen oder Unerschaffenen im Universum – also dem höchsten Vatergott.

84

SARASWATI – die Göttin des Lernens und der Weisheit – ist einer der drei Aspekte von *Shakti*, der Gattin von *Brahma*, dem Schöpfergott. Als seine Gattin wird sie zur Mutter der gesamten Schöpfung (Muttergöttin und Göttermutter). Ihre drei Aspekte sind *Durga/Kali, Lakshmi* und *Saraswati*. Das Wort *Saraswati* bedeutet: diejenige, die *die Essenz (sara) des eigenen Selbst (swa)* gibt; – ferner die *Fließende.*

Saraswati repräsentiert einen immer fließenden *Strom göttlicher Gnade.* Sie steht auch für das menschliche Denk- und Unterscheidungsvermögen. Sie verkörpert somit alles Wissen, einschließlich der Künste und Wissenschaften. Als Personifikation vollendeter Weisheit verleiht sie ihren aufrichtigsten Anhängern diese höchste Weisheit. Hindus auf der ganzen Welt beten sie an, wann immer es um Studien oder Lernen geht. Sie regiert die Kommunikation, Musik und den Intellekt.

Saraswati hat vier Hände. In einer Hand hält sie die heiligen Schriften, in der andern eine Lotosblume. Mit den anderen zwei Händen spielt sie die indische Laute (*Vina*), deren einer Typ nach ihr benannt ist. Künstler stellen sie folgende Dinge haltend dar: eine Schlinge (*paasha*), einen Dorn (der *ankush* der Elefanten-Führer), eine Lotosblüte (*padma*), einen Dreizack (*trisula*), eine Seemuschel (*sankha*), eine Diskusscheibe (*chakra*).

Sie sitzt gewöhnlich auf einer Lotosblume, in reinstes Weiß gekleidet. Weiß versinnbildlicht den Gegensatz zur finsteren Welt der Unwissenheit. Die Lotosblüte, auf der sie sitzt, symbolisiert ihren festen Sitz in der Höchsten Realität – unberührt von den schlammigen Unvollkommenheiten der physischen Welt: Die Lotosblume erblüht in ihrer schönsten Form, wenn sie aus dem Morast des Teichesaufsteigt. – Die Lotosblüte in Saraswatis Hand symbolisiert das Endziel menschlichen Seins: *Weisheit und Selbst-Verwirklichung.* – Das heilige Buch und die Laute, die Saraswati in Händen hält, verweisen auf den *Pfad des Wissens* und den *Pfad der Hingabe* (*Bhakti*), über die der Mensch dieses Ziel erreichen kann. Die vier Hände repräsentieren auch die vier Aspekte der menschlichen Persönlichkeit: *Geist (manas), Intellekt (buddhi), Ego (ahamkara),* sowie ein *konditioniertes Bewußtsein (chitta)*: SARASWATI verkörpert auch *die Essenz des Daseins* – das ist die allen Unreinheiten der Welt vollkommen enthobene *Selbstheit* (ihr Sitz auf der dem Schmutz des Sumpfwassers stets *enthobenen* Lotosblüte ist ein Zeichen der erreichter Vollkommenheit des Bewußtseins.

[3] Vorallem bei den indischen Vorläufern des persischen Sufitums wird Gott als der *Herr*, – der Jünger, Pilger oder Schüler als Sein Sklave oder *Diener* betrachtet und angesprochen.

Der Kailash ist der Aufenthaltsort von Shiva, die Kaaba der berühmte «vom Himmel gefallene» *Schwarze Kubus* am Wallfahrtsort der Muslim in Mekka.

Tagore übersetzt immer: «*Kabīr sagt ... »*. – im Deutschen kommt oft die Übertragung «*Kabīr lehrt ... »* dem Sinn der Sache näher, ohne doch eigentliche *Lehrer-hafte* Didaktik zu meinen.

Der einzig wahre, ultimative Guru ist nämlich Er allein.

[7] SHRI GURU RAVIDAS JI (auch Raidas, Rohidas und Ruhidas) war ein nord-indischer Mystiker und Guru der *Bhakti-Bewegung*. Er lebte im 15. Jh. und wurde verehrt im Punjab, in Uttar Pradesh und im Maharashtra; seine Anbetungslieder und Verse waren von bleibendem Einfluß auf die *Bhakti-Bewegung*. Man gibt ihm häufig den Verehrungs-Titel eines *Bhagat* oder *Sant* (eines Heiligen). – Er war ein sozio-religiöser Reformator, Denker und Theosoph, ein Humanist, Dichter, Reisender (Sufi!), Pazifist und spiritueller Führer; – zahlreiche seiner Lieder und Hymnen wurden in alten Sammlungen überliefert.

Guru Ravidas Ji war insofern ein Revolutionär, als er für die Gleichberechtigung der Geschlechter und gegen die Trennung der Kasten auftrat; – dabei œkumenisch gesinnt insofern, als er für die Überbrückung der Meinungsunterschiede zwischen den vielen Sekten auftrat – im Namen einer höheren, einer geistigen Einheit. – Kabīr folgte ihm in all dem nach.

Raidas lehrte auch, daß man sich nicht durch seine Kaste auszeichnet, sondern durch seine Handlungen (Karma), und daß jede Person das Recht hat, Gott zu verehrten und heilige Texte zu lesen (ein Revolutionär in genau diesem Sinne war im ersten Viertel des 16. Jh. *Martin Luther*).

Raidas trat frontal gegen das System der ‹Unberührbarkeit› auf und verwarf die Tradition des *Brahmin* (oder *pitr*) als Mediator zwischen Menschen und dem höchsten Gott. Er sagte auch, es sei nicht nötig, seine Kaste zu verheimlichen oder seinen niedrigen Beruf zu verlassen, um Gott zu erreichen. So wurde er zum Vorbild für seine Mitmenschen bei der Überwindung der *brahminischen Hierarchie-Barrieren* und im Erlangen des Zustands von *Begumpura* – eines Zustands frei von Angst und Sorgen. Guru Ravidas Ji wertete den Status des Handwerks auf, indem er betonte, ehrenhaftes Handwerk sei eine Quelle heiliger Kraft.

[8] RISHI (Sanskrit ऋषि – *ṛṣi*, von *dṛṣ* – *sehen*) bezeichnet im Hinduismus einen *Seher* oder mystischen *Weisen*. Den Rishis wurden der Legende nach die heiligen hinduistischen Texte der Veden offenbart. Die Rishis können Priester sein, Autoren vedischer Hymnen, Heilige, Asketen, Propheten und Einsiedler. Der Prozeß der Offenbarung wird dem Seher in einer Vision ermöglicht. Der besondere Geisteszustand des Wahrnehmenden wird im Rig-Veda wie folgt beschrieben:

«Auseinander fliegen meine Ohren, auseinander meine Augen, auseinander dieses Licht, das in mein Herz gesetzt ist. Fort wandert mein Denken – mein Sinnen ist in der Ferne. Was nun werde ich sagen und was werde ich jetzt erkennen?»

Verschiedene Gruppen von Rishis werden in den *Puranas* (den wichtigsten heiligen Schriften nach den Veden) erwähnt:

- o *Brahma-Rishis*, die direkt von Brahma berufen wurden oder Brahmanen sind. Sie werden als Gründer der orthodoxen Brahmanen-Familien betrachtet.
- o *Sapta-Rishis*, eine Gruppe von sieben Rishis, die laut Atharvaveda durch ihr Opfer die Welt gestalteten.

o *Deva-Rishis*, die durch strenge Askese (*Tapas*) fast die gleiche Stellung wie die Götter (Devas) erreicht haben.

o *Maha-Rishis*, die großen Seher.

o *Raja-Rishis*, die Könige, die *durch ihre kontinuierliche Askese* Rishis geworden sind.

Den Rishis wird die Fähigkeit zugeschrieben Wunder zu wirken und Krankheiten zu heilen. Oftmals gelten sie als die Dichter heiliger Texte, die sie direkt als göttliche Offenbarung ‹gehört› haben.

ᴅᴇʀ Pᴜɴᴋᴛ ist eine der Benennungen für Gott gemäß der Qabbalah und gelegentlich auch bei den antiken Gnostikern. Die ‹*Spiegelung inmitten des (dimensionslosen!) Punkts*› ist der Mensch als Spiegelbild Gottes (vgl. *Corpus Hermeticum*, Buch I, *Pymander*; vgl. – Anm. 32^A).

Die Qᴜᴇʟʟᴇ ist ein anderer kabbalistischer Name für Gott, nämlich das *Ayin* (siehe andere Erwähnungen von Ayin als *Quelle*, *Nabel* und *Ursprung des Universums* etc. –

Das Wort *Fakir* des Texts (ursprünglich von arab. فقر , Faqr – *Armut* abgeleitet) –wird ansonsten sowohl für *Asket*, *Säulenheiliger* und *Mönch*, als auch für *Zauberer*, *Akrobat* und *Magier* benutzt. Hier im Text wird sicher all dies gemeint, wobei ein *Magier* eben früher eine hauptsächlich positive Conotation (als weiser Beherrscher der Naturgeister, Naturkräfte und Natur-Götter) hatte.

Solch ein *echter Magier* wird man nur durch *Askese*, d.h. durch das ‹*Üben*› auf dem Einweihungs-Pfad. Seit der Zeit, wo *Askese* (in *Indien* wie zuvor in Atlantis) vorallem Entsagung und Selbstkasteiung bedeutete, änderte sich das Verständnis dieses Wortes ganz (griech. ασκευω – *askeuo* – *üben*). – Im vorliegenden Text wird Gott als der größte aller Magier – aber auch als der größte aller Heiligen angesprochen – und zugleich als der, der den Kandidaten – den Pilger – ‹*bezaubert*› bzw. ‹*verzaubert*› hat, indem – wie der Text dann sagt – Er ihn *anschlug* wie eine Glocke oder Saite, sodaß er seine alte Lebensbahn verließ.

Der Ausdruck *fakr* bezeichnet zugleich die siebte und letzte Stufe *Des Wegs*, nämlich: die vollkommene Entblößung, Entleerung und Zu-Nichts-Werdung des Mysten – kurz: seinen mystischen Tod.

Aʀᴛɪ oder Aᴀʀᴛɪ ᴡɪʀᴅ die *Lampen-* oder *Lichter- Zeremonie* genannt. Diese diente ursprünglich ausschließlich religiösen Zwecken und existierte auch im Alten China und Japan (Lampions!), wurde dann aber erweitert auf eine Zeremonie der Art christlicher ‹Konfirmation› einerseits und auf die Heirats-Zeremonie andererseits, wo die Partner *ihre Person und ihre Güter* dem Anderen angeloben; – so wie es eine Formel ausdrückt der Art: «Mich und alles Meinige will ich Dir weihen!».

Im *Sanskrit* bedeutet im Wort Aʀᴛɪ oder Aᴀʀᴛɪ das Präfix «*aa*» *vollständig* – und «*rati*» *Liebe*. – Das Aʀᴛɪ ist also der Ausdruck von Jemandes vollkommener, unerschütterlicher Liebe zum Gott. Es wird gesungen und durchgeführt in der Haltung vollkommener Hingabe, Verehrung und meditativer Bewußtheit. – Das Aʀᴛɪ ist eine der wichtigsten und populärsten Zeremonien der Hindu-Religion. Es heißt, dieses Ritual habe seinen Ursprung noch im primären vedischen Konzept des Feuer-Rituals (*homa*), im Gegensatz zum Trank-Opfer (*soma*).

In diesem Zusammenhang wird der ‹Kirchenvater› Chrysostomos mit folgenden Worten zitiert: *«Hört doch bitte auf mich: Ihr paßt nicht auf! – Ich spreche zu Euch über die Heiligen Schriften, und Ihr seht nach den Lichtern und den Personen, die sie entzünden. Das ist sehr verwerflich ... Schließlich entzünde auch ich hier ein Licht: Das Licht von Gottes Wort!»*

[13] Der Schwan ist, wie oben erwähnt, das ‹*Gefährt von Shiva*›; – siehe Anm. zu SARASWATI und besonders zum HAMSA (Anmm. 1 & 2). – An der vorliegenden Stelle scheint es sich aber um die Seele/das ‹Herz› des Angesprochenen zu handeln (i.S.v. *gereinigtes Herz*).

[14] Auch die islamischen und persischen bzw. die modernen Neo-Sufis sprechen immer und immer wieder vom ‹Duft› (in den persischen Märchen oft jener der *Rose*); – stets im Hinblick aufs unaussprechlich Innerste, was den Schüler bewegt. Man sagt gerne, der Duft bedeute die Weisheit; – doch welche Weisheit ist höher und subtiler, als der ‹Duft› der vollkommenen Liebe!? – Der *Wind* indes steht immer auch für den *Geist*.

[15] Ein AVATAR ist gemäß Hindu-Mythologie die Incarnation einer Gottheit, oder die Erscheinung eines Gottes in sichtbarer Form. – Genau genommen bedeutet das Wort: *aus dem Boot* – und zwar als Anspielung an den Mythos von *Noah*, der aus der Arche kam. Die hier gemeinten *«zehn Avatare»* sind die berühmtesten, nebst den sich in ihren Botschaften steigernden Avataren des Universalen Christus als ein ‹Buddhi›. Der bisher letzte nach dieser Auffassung ist der bereits erwähnte, *«Hamsa»*.

[16] Es wäre ein Irrtum, zu glauben, der ‹Rosenkranz› sei eine ausschließlich christliche, ‹katholische› Einrichtung – vielmehr ist er ein sehr alter orientalischer Gegenstand als mechanische Hilfe für den Betenden, von Indien über Tibet und Türkei bis Griechenland und Balkan. Nicht umsonst wird auch in der klassischen operativen Alchemie – besonders wo es ums ‹Radfeuer› und die langwierige Operation geht, worin es seine wichtige Rolle spielt – vom *Rosenkranz der Philosophen* gesprochen. Sogar ein ganzer, berühmter alchemistischer Traktat aus dem 16. Jh. – das *Rosarium Philosophorum* ist nach ihm benannt.

[17] YUMNA: Die *Yamuna*, auch *Jamuna, Djemna, Zemna*, Jumna oder Yami genannt, ist der wichtigste Nebenfluß des Ganges. Sie hat eine Gesamtlänge von 1376 km und fließt auf ganzer Länge südwestlich *parallel zum oberen Ganges*. Ihre religiöse Verehrung steht jener des Ganges kaum nach.

Durch eine Erkundungsreise von *Seleukos* im Zuge der Feldzüge *Alexanders des Großen*, der jedoch selber den Strom nicht erreichte, war die Jumna auch bei den Griechen und Römern bekannt. *Plinius* kennt sie unter dem Namen *Jomanes* bzw. *Iomanes, Ptolemäus* als *Djamuna*.

Yamuna geht aufs Sanskrit-Wort für „*Zwilling*“ zurück, was auf diesen Verlauf Bezug nimmt. {diese Etymologie weist esoterisch auf die Doppel-Natur des Todes (Yama) hin: Ende eines Erdenlebens und Beginn eines neuen zugleich}. – Der Name taucht an vielen Stellen im Rig-Veda (ca.

1700–1100 v.Chr.) auf. In der indischen Mythologie wird die Jumna durch eine Göttin repräsentiert: als Flußgöttin *Yami* – Schwester von *Yama*, und Tochter des Sonnengottes Surya. Das entspricht *Sirius*;– daher der Name *Syrien*, – entsprechend dem Ursprung der ersten Besiedler jenes Landes.

Unter den *«drei Formen des Elends»* darf man wohl jene verstehen, die gemäß dem Mythos den jungen Siddharta, den späteren Buddha Shakyamuni, zur Absage an die Welt brachten: Armut, Krankheit und Tod.

Den gewöhnlichen ‹Schüler› oder Kandidaten mag schockieren, daß hier *«das nie-endende Spiel von Wohlgefühl und Schmerz»* als etwas Gutes gepriesen wird. Indes liegt die Ursache einfach – sozusagen – ‹eine Etage höher›: Der wirklich Weise hat die Zustände überstiegen, worin Wohlgefühl und Schmerz als ich-bezogene Sensation erlebt – und dementsprechend *positiv* oder *negativ gewertet werden*: Wohlgefühl und Schmerz sind ja bloß Äußerungen des Lebens im Pendelschwung der Natur des gesamten Universums, ohne den das Universum stillstehen und zusammenbrechen müßte. Wer sein ICH vollkommen überwunden hat, d.h. zu Nichts hat werden lassen, findet sein SELBST weder von Wohlgefühl noch von Schmerz betroffen. Daher die bekannten skurrilen Masochismen selbst der heutigen Fakire. – Auf diesem Niveau verstanden, sind darum ‹Wohlgefühl und Schmerz› lediglich eins der unzählbaren Gegensatzpaare innerhalb der Schöpfung: ein Widerspiel von durch den Vollkommenen Weisen *neutral beobachteten – nicht emotional erlittenen – Empfindungen*, und damit Teil des *Gesunden Befindens* des Universums – Ausdruck des *Spiels der Gottheit* – des ‹Deus Ludens›.

DURBAR oder DARBAR: Aus dem Persischen abgeleitet; in Urdu geschrieben als دربار - *darbār*. Das Wort meinte den Hohen Gerichtshof des Königs oder Regenten – oder einen formelle Staatsrat, den der König präsidierte. Später benutzte man denselben Ausdruck in Indien und Nepal für den Exekutiv-Rat des Regenten oder – als Letztere von Fremden bestimmt und sogar verwaltet wurden – die Adels-Versammlung z.B. einer Stammesgemeinschaft. Ein deutliches Beispiel wäre das Kalifat von Baghdad (übernommen von den zu Weziren aufgestiegenen kasarischen Höflingen, den *Barmaki*, die schließlich das Kalifat annektierten); – ein Anderes: die ‹Übernahme› des Hofs von Byzanz im 10. Jh. durch dieselben Akteure. –

Auch der Staatsrat des regierenden Adels zur Verwaltung einer Monarchie – oder sogar eine rein zeremonielle Versammlung – wurde ein *Durbar* genannt.

Davon ist zweifellos abgeleitet der berühmte alchemistische Traktat unter dem lateinischen Titel *Turba Philosphorum*: Eine hypothetische Versammlung der königlichsten, d.h. edelsten und weisesten Philosophen und Alchemisten aus Antike und Mittelalter, wovon mehrere berühmte bildliche Darstellungen existieren. –

Dieser Text bezieht sich selbstverständlich auf die früher übliche Verbrennung der Ehefrau zusammen mit ihrem (oft viel älteren) verstorbenen Ehemann. Die Leichenverbrennung als solche ist noch immer üblich: Tausende Menschen kommen jährlich nach Varanasi, um dort zu sterben, um die Asche ihrer Verwandten den Wellen des Ganges zu übergeben oder um dort eine Leiche zu verbrennen. – Varanasi ist der Ort, wo den Hindus die Sünden vergeben werden können. Daher ist dies naheliegend; – sei es im großen modernen Krematorium, sei es ganz bescheiden und öffentlich am Ufer des Ganges gleich nebenan.

[22] Wörtlich: AUM oder OM. – Der Schriftzug ähnelt dem arabischen Wort عمن – amin. Etymologisch ist wohl das *Aum* über das ägyptische *Amun* zum islamischen *Amīn* und zum *Amen* der Sprachen des Mittelmeer-Raums geworden. – Der Ausdruck *Amen* in den christlichen Evangelien kann kaum original als Aramäisch gelten. Sehr tief reicht die Magie dieses so gebräuchlichen Ausdrucks. Das wird aber nur den Wenigen bewußt ist, die sich mit dem *Lebenden Wort* befassen und es *ehren*. –

[23] Vgl. *Corpus Hermeticum*. – Deutsch aus dem Lateinischen des Marsilio Ficino (1468/1471). Basel, Edition Oriflamme, 2014. – A.a.O., Rede des Hermes *über das Gemeinsame* (Schluß); *Schlüssel für Tatios* (Schluß); Rede des Gemüts über *Veränderung, Wandlung und Tod* (Schluß).

[24] SADHU ist im Hinduismus ein Oberbegriff für Jene, die sich einem mehr oder weniger asketischen Leben verschrieben und auf die Welt verzichtet haben. Besonders bezeichnet es Mönche der verschiedenen hinduistischen Orden (vgl. Abb. Ss. 61 &81). Sanskrit साधु – *sādhu*, wörtl.: *Guter Mann* – oder auch: *Heiliger Mann*, was an die katharischen *Bons-Hommes* erinnert.

Ein Sadhu, der das weltliche Leben völlig aufgegeben hat, asketisch lebt und sich in der vierten und damit letzten Phase des *vedischen Ashrama-Systems* – im *Sannyas* – befindet, ist ein *Sannyasin*, ein ‹Entsagender›. Es gibt aber auch Sadhus, die heiraten und Familien gründen, wie etwa die *Baul*, Angehörige einer mystischen Sekte im Osten Indiens. *Bauls* ziehen umher, singen in Dörfern und Städten ihre typischen religiösen Lieder und bestreiten mit den Spenden ihren Lebensunterhalt (vgl. *Troubadours*). Sie besitzen bescheidene Wohnungen. – Andere *Sadhus* bilden Gemeinschaften in *Ashrams* oder leben in Wohnräumen, die mit Tempeln verbunden sind. Hier widmen sie sich dem spirituellen Leben, studieren und lehren die heiligen Schriften. –Viele *Sadhus* beschäftigen sich neben spirituellen Aktivitäten auch mit philanthropischen sowie humanitären Aufgaben. Besonders bekannt dafür ist die sehr populäre *Ramakrishna-Mission*.

Manche besonders asketische Sadhus unter den *Sannyasin* begnügen sich mit irgendeinem Platz in der Nähe eines Tempels; andere leben in Höhlen oder sind völlig heimatlos und auf ständiger Wanderschaft. Viele Sadhus rauchen Haschisch *(charas)* oder Marihuana *(ganja)*, unter anderem zum Zweck der Meditation.

Im letzten Abschnitt des Lebens ist es demnach angemessen, sich von allem Weltlichen zu lösen, «in die Wälder zu ziehen» und sich heimatlos, von milden Gaben ernährend, der Suche nach der Erlösung zu widmen.

Viele Männer (und wenige Frauen) entscheiden sich jedoch schon in jungen Jahren zu einem Leben als Sadhu. Nach dem Entschluß zur Entsagung schließt sich der Suchende einem Guru an, der ihn in die spirituelle Lehre sowie in Techniken der Askese und Meditation einführt, und

90

dem er als Schüler dient. Anschließend legt er ein persönliches Gelübde ab, das je nach den Vorschriften des jeweiligen Gurus verschiedene Anforderungen auferlegt. Das kann Heimatlosigkeit sein, Armut, sexuelle Enthaltsamkeit, Fasten oder völlige Bedürfnislosigkeit. Nicht wenige Sadhus leben in völliger Nacktheit. – In Indien werden Sadhus meist sehr respektiert, da ihre Askese nicht nur als persönliche Aufgabe, sondern auch als stellvertretende Handlung für Viele gilt.

Im vorliegenden Text wird das Wort *Sadhu* nicht übersetzt, wegen der Vielfältigkeit seiner Bedeutung – jedoch ganz allgemein als *Jünger* verstanden; das Wort *Jünger* (disciple) aber wird im Text meist verstanden als: *Jünger von mir, Kabīr*.

Guraksha (Sanskrit: गोरक्ष) – oder *Gorakhnath* (Hindi: गोरखनाथ); – Bedeutung: *Rinderhirt*: Ein indischer Yogi, der als Begründer des *Hatha Yoga* gilt und ein Schüler des *Matsyendra* war. Traditionell wird gesagt, Gorakhnath sei im 8. Jh. in Gorkha (Nepal) geboren worden; Andere meinen: Jahrhunderte später. Wie andere hochberühmte Yogi-Gurus durchreiste er den ganzen indischen Subkontinent; und es gibt Anekdoten über ihn an vielen Orten zwischen Nepal, dem Punjab und Sri-Lanka. In alten Bildern wir er gerne als ein Rinderhirte dargestellt.

Goraksha war der Verfasser mehrerer Werke über Yoga, darunter das *Gorakshashataka*. Nach ihm ist auch das *Goraksh-asana* benannt, ein Asana im Hatha Yoga (*Asanas* sind besondere Yoga-Stellungen).

Die heutige Tradition will, *Adinath*, identisch mit *Lord Shiva*, sei der direkte Lehrer von *Matsyendranath* gewesen, und dieser wiederum der direkte Lehrer von *Gorakshanath*. Eine Legende erzählt, Guru Gorakshanath, der «Ewige Weise» habe 4'000 Jahre auf Erden gelebt und über das Wohl der Menschheit gewacht. Andere Legenden erzählen Anderes, z.T. sehr Unterschiedliches. Das *Nath Rahasya*, – wörtlich: *Das Mysterium der Meister* – erwähnt Geburt, Werk und Tod von neun solchen *Naths* (Meistern); und Guru Gorakshanath war der neunte, nach seinem eigenen Guru, *Matsyendranath*.

Siehe Anmerkung 21.

Das ist eine Anspielung an die alt-indische Tradition, welche sagt: Im zweiten Drittel des Lebens soll der Mann ein Heim und eine Familie gründen; – im dritten Drittel (ab dem 50-sten Lebensjahr) soll er als Einsiedler in die Wälder gehen.

Die PURANAS – Sanskrit, wörtl. *alte Geschichten* – gehören zu den wichtigsten heiligen Schriften des Hinduismus nach den Veden und gelten als Offenbarungen göttlichen Ursprungs. Sie beschreiben zum ersten Mal den *Weg der Hingabe – Bhakti,* weshalb sie auch als Quelle für die Theologie des *Bhakti-Weges* angesehen werden. In der Zeit von 400 n. Chr. bis 1000 n. Chr. entstanden, greifen sie oft auf viel ältere Inhalte zurück. 18 davon gelten als *Haupt-Puranas*, 18 als *Neben-Puranas*. Ein früher Hindu-Autor, *Amarasinha* (5. oder 6. Jh), definierte, ein Purana müsse fünf Themen behandeln: 1° Die Entstehung des Universums; – 2° sein Untergang und seine Erneuerung; – 3° die Genealogie von Göttern und Patriarchen; – 4° Die Regierungsgeschichte der *Manus*, mit den daraus folgenden Welt-Epochen (*Manwantaras*); – 5° Die Geschichte der solaren und der lunaren Königs-Rassen. – Dem aufmerksamen Leser kann nicht entgehen, daß dies grundsätzlich derselbe Aufbau ist, wie (verwässert) jener der chaldäisch-jüdisch-christlichen ‹Bibel› und jener der (unmythologischen) Kosmogonie nach Rudolf Steiner.

Alle Puranas sind primär der Anbetung einer oder mehrerer Gottheiten gewidmet und beschreiben Zeremonien und Feste (*vrata*) zu deren Verehrung, insbesondere im rituellen und sozialen Rahmen der *Bhakti-Bewegung*. – Die genealogischen Listen der Königshäuser schließen auch die Helden des Mahabharata ein, das z.T. selbst als ein Purana gilt. Die Puranas sind keine historische, sondern vielmehr eine hermeneutisch symbolische Quelle – und so gelesen eine unerschöpfliche Schatztruhe, über die aber ‹aufgeklärte› Wissenschafter (vorallem jene der Besatzungsmacht England) sich meistens nur lustig gemacht haben. Kurz gesagt haben Puranas dieselbe innere Bedeutung wie die christlichen Heiligenlegenden.

Die Puranas werden traditionell durch mündliche Rezitation und zumeist in von den schriftlichen Texten abweichenden Formen erzählt, um beispielsweise den Text reicher zu machen. Aus diesem Grund gibt es auch unterschiedliche Textausgaben gleichwertiger Legitimation.

[29] Der BANYA-BAUM ist sozusagen der National-Baum Indiens. Er wird bis zu 30 m hoch, ebenso breit und ist auf besondere Weise vital und um sich greifend, sodaß er große, enge *Kolonien* bilden kann.

[30] Ein PUNDIT oder PANDIT ist eine wegen besonderer Gelehrtheit und Weisheit sehr respektierte Person; – ein KAZI kann ein Richter sein; – eventuell daraus abgeleitet: der islamische *Kadi* als oberster Richter, der alle Gesetze kennt und als *Exekutive* (ggf. durch ‹Exekution›) umsetzt.

[31] DIE VĪNA ist ein gezupftes Saiten-Instrument. In der Frühzeit hatte es die Form einer (keltischen) Harfe; dann Lautenformen. Die kurioseste davon ist die *Saraswati Vīna*, benannt nach der Gefährtin von Brahma – der Göttin-Mutter aller Geschöpfe, und Göttin der Wissenschaften, der Künste und der Weisheit (siehe Anm. 2). Dieses Instrument hat eine kropfige Ausweitung am Hals, für die Obertöne. Die *Rudra-Vīna* ist eine Art *Zither*, und die im Westen durch Ravi Shankar bekannteste ist die *Sitar* (daher *Gitarre*) mit, wie der Text oft sagt, *«ungespielten»* Resonanz-Saiten.

[32] Obschon der Sinn dieses Gesangs aus sich selber spricht, seien hier die verschiedenen Namen erklärt:

RAM oder RAMA ist u.a. die sechste Incarnation von Vishnu; seine Gattin ist Sita. Natürlich steht *Rama* in Assonanz zum Sonnentier *par excellence*, den *Widder* (engl. *ram*) und ans Widder-Zeitalter. *Sita* ist dementsprechend eine Personifikation des Monds (*Is-* ist gleich *Si-*, Sil-). – Rama wird verherrlicht in einem Groß-Epos genannt das *Rama-Yana*.

HARI – Eine andere Personifikation von Vishnu im Bhakti-Vedanta.

KERĪM (arab. كريم) ist einer der 99 Namen Allah's und bedeutet soviel wie *der Großzügige, Gnädige*.

92

Ein PIR (vgl. das englische *peer* für den weltlichen Adel) ist die Benennung für einen auf *Dem Weg* weit fortgeschrittenen Menschen. Auch ein *Scheich* ist ein Pir, aber nicht notwendig auch umgekehrt.
Die Leere ist wiederum ein kabbalistischer Name aus der valentinianischen Aeonologie für den Einen Vatergott – neben ‹Punkt›, ‹Tiefe›, ‹Stille›, ‹Liebe›, ‹Monas›.

NARADA (Sanskrit: नारद – wohl abgeleitet von *nāra* – d.h. Mensch/Mann): Narada war ein vedischer Weiser und spielt in vielen Hindu-Texten eine hervorragende Rolle, vorallem im *Ramayana* (dem Mythos um Rama; siehe Anm. 32), und im *Bhagavata Purana*. – Narada wird mit Recht der größte Welt(en)reisende der Weisen Alt-Indiens genannt: Er hat die Fähigkeit hat, weit entfernte Welten und Räume aufzusuchen (vgl. die *Vimāna* genannten ‹prähistorischen› Flugmaschinen; – siehe untenstehende Abb.). Abgebildet wird er mit einer *Vīna* (siehe SARASWATI, bzw. Anm, 31); denn er gilt allgemein auch als einer der größten Meister des Typs *Mahati* dieses uralten Musikinstruments. Damit begleitet er seine Hymnen, Gesänge und Gebete in seiner Verehrung von Lord Vishnu, worin er den Bhakti-Yoga demonstriert. Das *Narada-Bhakti-Sutra* wird ihm zugeschrieben; – ebenso das *Nāradasmṛti* (entstanden 100 v.Chr. bis 400 n.Chr.). – Das ist ein insofern einzigartiger sakraler Text , als er sich nur mit juristischen Fragen befaßt.
Außerdem wird Narada mit der *Karnatischen Musik* verbunden; und im *Mahabharata* spielt Narada ebenfalls mehrfach eine wichtige Rolle: dort wo es um gültige Schlußfolgerungen geht – z.B. bei der Einigung der *Pandava-Brüder* betreffs ihrer gemeinsamen Gattin *Draupadi*.
Narada war auch ein Kenner der Veden und Upanishaden sowie der Puranas und der darin überlieferten Geschichte. Alle Himmlischen verehrten ihn wegen seiner Kenntnisse der Astronomie/Astrologie, der Logik, Rhätorik, Grammatik, Ritual-Kunde, Rechtsprechung, Politik, Kriegskunst, Musik, und in der Unterscheidung geistiger und weltlicher Dinge sowie wegen seines unvergleichlichen Gedächtnisses.

tat twam aham

tat twam asi

P. Martin: Esoterische Symbolik *im Licht des Alltags, der Sprache und des gnostischen Wegs der Selbsteinweihung.* – Die Elemente der universellen Symbolik und ihre geistige Wirksamkeit, mit Beispielen aus Alchemie, Mythologie, Hermetik und Heraldik neben ganz konkreten Fällen aus der unmittelbaren täglichen Gegenwart. Eine anschauliche Übersicht über die wichtigsten Symbole; eine Einführung ins selbständige Analysieren fast aller Symbole; Erklärung ihrer ständigen Gegenwart und unvermeidlichen magischen Wirkung. – Ppb., 120 Ss., 28 Farbseiten, 54 Abb. im Text, mit über 100 Literaturhinweisen, einer Symboltabelle und einem Wortverzeichnis. – ISBN 978-3-9523616-1-0; € 16.00 / CHF 23.00.

M.P. Steiner (Hrsg.): Lao-Dse: Dao-De-Ging (Tao-Te-King) – Die Gnosis im Alten China. Neue, jetzt vollständige Ausgabe. (2013) – Ganz neu aus dem Chinesischen ins Deutsche gebracht und mit Anmerkungen versehen durch P. Martin. –Die Übersetzung aufgrund dreier ‹Urtexte› berücksichtigt über 30 frühere westliche Übersetzungen in 6 Sprachen, zahlreiche heutige chinesische Übersetzungen und Kommentare sowie Sitten und Gebräuche des 6.- 4. Jh. v.Chr. Sie wurde von chinesischer Seite für gut befunden. Einige Textvarianten werden diskutiert; der Kommentar beleuchtet *drei Ebenen*: Die Ebene des täglichen Lebens von Jedermann, die Ebene der Forderungen an ‹den Weisen› – Herrscher, General oder spirituellen Lehrer – und die rein geistige Ebene des inneren spirituellen Wegs. – Einige kaum bekannte, fürs Verständnis hilfreiche Abbildungen zeigen sichere Fakten zu bisher nie gewagten Deutungen des Texts. – Ppb., 352 Ss., mehrere historisch wichtige Farbtafeln; – Reproduktion des chinesischen Texts in bis zu drei Fassungen. — ISBN 9783-952361689. – € 30.00 / CHF 38.00.

P. Martin: Logen, Orden und das Rosenkreuz (2014): *Das Rosenkreuzertum in Logen, Orden und initiatischen Gesellschaften, seit Beginn des 16. Jahrhunderts.* Was ist der rote Faden (oder Nerv) jeder spirituellen Lehre oder Überlieferung? – Das genau recherchierte und reich illustrierte Buch zeigt, wie jener universale Kern, der aus dem Osten kam, im Westen seinen Weg durch den Lauf der Zeiten fand. Es möchte Mißtrauen vermindern, Kenntnis vermehren, und zugleich die Leser ermutigen, zum *Grünen* eines wahrlich menschlichen, d.h. *bewußt brüderlichen* Miteinanders beizutragen. – PB, 196 Ss. 131 Illustrationen mit 66 Portraits - teils farbig und ganzseitig; ein Namens- und ein Abkürzungsverzeichnis. ISBN 97839524262-0-3; € 24.00 / CHF 30.00.

M.P. Steiner (Hrsg.): Das Corpus Hermeticum, Lateinisch und Deutsch (2014): – Die lateinische Übersetzung aus dem Griechischen durch Marsilio Ficino (1463) nach dem Zweitdruck (Mainz, 1503), jetzt präzis ins Deutsche übersetzt, zeigt das *Corpus Hermeticum* als einen Text von z.T. poetischer Schönheit, z.T. höchster philosophischer Genauigkeit, der den Bogen spannt von aristotelischer Elementenlehre über Platons Ideenlehre bis zur heutigen Quantenphysik. – Lateinischer (facsimile des Drucks) und deutscher Text auf gegenüberliegenden Seiten; – Einführung, sprachliche und geisteswissenschaftliche Anmerkungen am Schluß; 11 ganzs. Abb. PB, 264 Ss.; ISBN 0783952426241. – € 22.00.

Bei uns noch erhältlich: Mutus Liber – Die Alchemie und ihr Stummes Buch. – Vollständiger Neudruck; Tafeln facsimile in Originalgröße nach einem Original-Exemplar von 1677. Einführung und Kommentare von E. Canseliet, F.C.H., Schüler von Fulcanelli; Vorwort von Jean Laplace, Schüler von E. Canseliet. – Amsterdam, Edition Weber,1991. Übers. B. Böhnke, vollständig überarbeitet, herausgegeben und mit einem bibliographischen Anhang versehen durch M.P. Steiner. – ISBN 90-73063-04-3. – € 40.00